Norma Klahn
Jesse Fernández

LUGAR DE ENCUENTRO

ENSAYOS CRITICOS SOBRE POESÍA MEXICANA ACTUAL

Ensayo
2

editorial KATÚN s.a.

Norma Klahn, Jesse Fernández
LUGAR DE ENCUENTRO
(Ensayos críticos sobre poesía mexicana actual)

Primera edición:
© Editorial Katún, S. A. 1987
Rep. de Colombia núm. 6, primer piso, Centro
06020 México, D. F. Tel. 529-58-68

Tipografía y formato:
Rodolfo Espinosa C.
Portada: Sebastián

ISBN 968-850-062-3

Queda hecho el depósito que marca la ley.

Impreso y hecho en México, 1987.

Poesía no es signos negros en la página blanca.
Llamo poesía a ese lugar del encuentro
con la experiencia ajena. El lector, la lectora
harán, o no, el poema que tan sólo he esbozado.

J. E. Pacheco. *Los trabajos del mar*.

NOTA PRELIMINAR

Al preguntarse sobre la función del crítico W. A. Auden dice que éste debe:

1. Introducir autores u obras desconocidas al lector.
2. Convencer al lector que ha desestimado a un autor o una obra porque no los había leído con suficiente cuidado.
3. Demostrar las relaciones que existen entre trabajos de distintas épocas y culturas que el lector no hubiera visto por no saber bastante.
4. Hacer una "lectura" de una obra que aumente la comprensión de esa obra.
5. Iluminar el proceso de la "técnica artística."
6. Iluminar la relación del arte con la vida, la ciencia, la economía, la ética, la religión, etcétera.

Los ensayos de esta antología sobre poesía mexicana contemporánea buscan cumplir con esas tareas que Auden pedía a la crítica. Reunimos ensayos que desde distintas y variadas aproximaciones metodológicas trazan algunas de las direcciones que ha tomado la poesía en México a partir de Octavio Paz y Efraín Huerta.

Desde Paz y Huerta se han visto dos vertientes principales en la poesía mexicana contemporánea: utópica y realista, culta y callejera, hermética y transparente, formalista y versolibrista, abstracta y concreta. Se ha querido distinguir entre aquellos poetas alados que buscan luceros en el azul infinito y los ambulantes terrestres que se tropiezan con piedras en un camino finito. Paz y

Huerta, Zaid y Sabines, Montemayor y Reyes, dos caras de la misma moneda que es la poesía y que a través de los siglos, como dice Eliot, ha alternado entre la música y el habla; entre adhesión a la tradición y ruptura de la misma, como señala Paz. Si es verdad que los poetas tienden a identificarse con una de las dos líneas, aunque nunca de manera excluyente, no es menos cierto que todos buscan y elaboran una poética *sui generis* que exprese su visión del mundo de una manera particular. La poesía, dice Michael Hamburger, representa la verdad de una clase u otra y lo importante para los lectores y críticos de poemas modernos es ver "las muchas clases de verdad que diferentes clases de poemas son capaces de expresar." La constitución del sujeto poético, los temas elaborados y el lenguaje y composición utilizados apuntarán a esas "visiones" y a esas "verdades" que el poeta establece como diálogo con su época y su tradición, en este caso la mexicana.

Esta antología que recoge ensayos de críticos residentes en Estados Unidos y México se constituye como lugar de encuentro, no sólo entre la poesía y el lector, sino entre críticos de ambos lados del Río Grande.

No pretendemos destacar a los poetas estudiados como los únicos que han dejado una huella en la poesía mexicana de este siglo. Como en toda antología habrá omisiones impuestas por los límites y requerimientos del trabajo. Esto es especialmente verdad en el caso de las últimas promociones cuando la falta de perspectiva hace más difícil la labor crítica.

A diferencia de la narrativa, la poesía cuenta, inmerecidamente, con menos atención crítica. Esperamos que este tomo sea un punto de partida que genere más estudios sobre la poesía mexicana contemporánea. Temas y autores que aquí se tratan someramente (o los que aquí no se incluyen) encontrarán su necesaria exégesis en los que continúen este trabajo.

Norma Klahn
Nueva York, junio de 1985.

Hacemos constar aquí nuestro agradecimiento a Columbia University y a State University of New York, Old Westbury por respaldar, de varias maneras, la conclusión de este proyecto. Han sido valiosísimos los consejos y sugerencias de los amigos José Olivio Jiménez, Pedro Lastra y Carlos Montemayor; a ellos nuestro agradecimiento. De manera especial, agradecemos a Lilvia Soto el tiempo que inicialmente dedicara a la presente edición.

N. K. y J. F.

Lilvia Soto

LA PALABRA-SENDERO O LA ESCRITURA ANALÓGICA: LA POESÍA ÚLTIMA DE OCTAVIO PAZ *

A Pedro Lastra

Escribir es dibujar mi mandala y a la vez recorrerlo...
Julio Cortázar, *Rayuela*

Las tres obras que constituyen el eje de meditación: *El mono gramático, Vuelta* y *Pasado en claro* (1) son una continuación y un ahondamiento en los temas que han sido el motivo constante de reflexión de Octavio Paz desde sus primeros ensayos y poemas: la historia, el tiempo, el ser del hombre en todas sus manifestaciones, el lenguaje como testimonio de su realidad y el poetizar como vía de acceso, como revelación de nuestro ser original. Representan también una ampliación de la tercera pregunta formulada en *El arco y la lira*: "¿Cómo se comunica el decir poético?" (2) Continuación y cambio; identidad y diferencia. Al hablar de Paz no podemos acudir a nociones como progreso, etapa o evolución. Su obra no representa un desarrollo lineal; es siempre una ampliación, un constante profundizar. La semilla original sigue dando nuevos frutos iguales, distintos. Las palabras de Paz lo expresan mejor: "La inmovilidad es una ilusión, un espejismo del movimiento; pero el movimiento, por su parte, es otra ilusión, la proyección de Lo Mismo que se reitera en cada uno de sus

---

* Este trabajo apareció en el número 9 de *Inti; Revista de literatura hispánica,* primavera, 1979.

(1) Octavio Paz, *El mono gramático* (Barcelona: Editorial Seix Barral, S.A., 1974); *Vuelta* (Barcelona: Editorial Seix Barral, S.A., 1976); *Pasado en claro,* 2a. ed., nueva versión (México: Fondo de Cultura Económica, 1978). Todas las citas de las tres obras provienen de estas ediciones.

(2) Paz, *El arco y la lira,* 2a. ed., 1a. reimpresión (México: Fondo de Cultura Económica, 1970), p. 25. Todas las citas de la obra provienen de esta edición.

cambios y que, así, sin cesar nos reitera su cambiante pregunta siempre la misma." (*El arco*, p. 9). Para Paz el hombre es perenne deseo de trascendencia y el poema "el signo más puro de ese continuo trascenderse..." (*El arco*, p. 284). La manera en que el poeta plasma este anhelo de trascendencia, el modo en que el decir poético se comunica, se transforma en cada momento histórico.

En *Poesía en movimiento*, Paz destaca la diferencia fundamental que existe entre la concepción del lenguaje y de la obra en los autores pertenecientes a la generación anterior y en la suya. Las obras de Neruda y de Borges son "textos de la pasión y pasión de los textos: escritura inmutable." (3) En contraste con esta inmutabilidad, las obras de la generación de Paz se caracterizan por la indeterminación. Son "textos en movimiento" (*Poesía en movimiento*, p. 13). El movimiento como dimensión extrema de la apertura, en el sentido expuesto por Umberto Eco (4), es, entonces, una de las constantes centrales de la obra de Octavio Paz. Su aguda conciencia lingüística lo ha guiado a través de los años en una continua exploración de nuevas direcciones de la relación comunicativa, "perpetuamente creadora" (5) entre obra, autor y ejecutante.

---

(3) Paz, *Poesía en movimiento*, 2a. ed. (México: Siglo XXI Editores, S.A., 1969), p. 12.

(4) Umberto Eco, *Obra abierta*, versión castellana de Francisca Perujo (Barcelona: Editorial Seix Barral, S.A., 1965).

(5) Paz, "Presentación de Pedro Coronel", *Puertas al campo*, 2a. ed. (México: U.N.A.M., 1967), p. 243. Este ensayo, fechado en París en mayo de 1961, contiene en germen toda la noción de obra abierta, noción que casi simultáneamente era sistematizada por Eco (la primera edición de *Opera Aperta* es de 1962). Paz dice: "Las significaciones brotan tanto de la voluntad del artista como de la del espectador: ambas se entrecruzan en la obra. Un poema, un cuadro, una escultura son lugares de encuentro, el espacio en donde las miradas se enlazan. No cualquier espacio sino el territorio de elección de la mirada, el campo de gravitación del re-conocimiento.", "Presentación", p. 241. En otro ensayo del mismo libro, fechado en Delhi en 1963, Paz presenta el concepto de obra en movimiento que ampliará más tarde en *Poesía en movimiento*: "Por otra parte, lo que se llama *tradición* no es sino un conjunto o sucesión de obras —esto es: invenciones y variaciones de esas invenciones— contempladas desde un punto de vista sin cesar cambiante: el presente.

En un perenne intento de ampliar las fronteras de la obra y de descubrir nuevas dimensiones del movimiento, Paz ha experimentado con la poesía espacial (*Topoemas*); la relación dinámica entre la página como espacio en movimiento y la tipografía; el texto-ceremonia (*Discos visuales*); el collage o la combinatoria de voces del poema, de textos, de poetas, de lenguas ("Himno entre ruinas", "El balcón", "Vrindaban", "White Huntress", "Lectura de John Cage", *Blanco, Renga*); la crítica en movimiento (*Poesía en movimiento*) utilizando, con gran espíritu lúdico, el *Y Ching* o *Libro de las mutaciones*, como estímulo de la imaginación; la traducción como metáfora entre distintos idiomas, y también, más recientemente, en algunos poemas de *Vuelta* como "Totalidad y fragmento", "Piel sonido del mundo", "Cara al tiempo", Objetos y apariciones", la "traducción" o "doblaje" de cuadros, collages, fotografías, y de las cajas "*Slot machine* de visiones" de Joseph Cornell. Este doblaje constituye una ampliación tanto de las obras plásticas como de los poemas de Paz, pues se establece una osmosis mutuamente enriquecedora entre los dos sistemas sígnicos.

Para la poesía surrealista y para el budismo, dos de las grandes influencias en el pensamiento de Paz, la identidad personal es una ilusión. [6] Esta relativización del yo pone también en entredicho la idea de la obra como objeto. Según la poética de la analogía el lenguaje es el verdadero autor de un poema y "el poeta y el lector no son sino dos momentos existenciales del lenguaje." [7] Las exploraciones que Paz ha realizado en el campo de la poesía en movimiento son un intento de abolir la dicotomía sujeto-objeto y

---

(Aunque los críticos e historiadores de arte se crean instalados en la eternidad.) Tradición: cambio. 1890: ruptura y recomienzo.", "Ruptura y comienzo", p. 256.

(6)   Véase Paz, "El surrealismo", *Las peras del olmo* (México: U.N.A.M., 1957).

(7)   Paz, *Los hijos del limo* (Barcelona: Editorial Seix Barral, S.A., 1974), p. 107. En un ensayo anterior Paz había dicho: "El surrealismo afirmó la supremacía del lenguaje sobre el poeta. Toca a los poetas jóvenes borrar la distinción entre creador y lector: descubrir el punto de *encuentro* entre el que habla y el que oye. Ese punto es el centro del lenguaje: no el diálogo, el yo y el tú, ni el yo reduplicado, sino el monólogo plural —la incoherencia original, la *otra coherencia*. La profecía de Lautreamont: La poesía será hecha por todos.", "Recapitulaciones", *Corriente alterna*, 2a. ed. (México: Siglo XXI Editores, S.A., 1968), p. 73.

de ampliar indefinidamente la extensión de la poesía en y a través de la intervención activa del intérprete: lector, auditor o espectador que debe estar, como ha dicho Carlos Fuentes, "ya no *frente* (como lo exigía la tradición renacentista) sino dentro, alrededor, encima, debajo y fuera de ella." (8)

En su última poesía la ampliación de las fronteras, la nueva dimensión del movimiento, se da en la forma de la escritura como metáfora del viaje: "El camino de la escritura poética se resuelve en la abolición de la escritura:..." (*El mono*, p. 113); "al escribir, camino hacia el sentido; al leer lo que escribo, lo borro, disuelvo el camino." (*El mono*, p. 115). La palabra-sendero que se borra al leerse resulta en la disolución de la obra como objeto y la instauración del poema como inminencia: "Hay un estar tercero: / el ser sin ser, la plenitud vacía. / hora sin horas y otros nombres / con que se muestra y se dispersa / en las confluencias del lenguaje / no la presencia: su presentimiento. / Los nombres que la nombran dicen: *nada*, / palabra de dos filos, palabra entre dos huecos." (*Pasado*, p. 40). Esta relación entre la escritura y el trazo del camino tiene un antecedente en la prosa analógica de André Breton. Anna Balakian ha estudiado este paralelismo entre la escritura automática y el caminar al azar de Breton por las calles de París. Según Balakian, tanto el encuentro aleatorio de las palabras en la página como el de las personas y las cosas en las calles de París producen el azar objetivo, punto de intersección entre el deseo y la necesidad exterior, que revela lo insólito en lo cotidiano. (9) Gerard Durozoi y Bernad Lecherbonnier en su estudio de la escritura surrealista también han analizado lo que ellos llaman "dialéctica de lo escrito y de lo vivido". (10) En su opinión, la escritura surrealista en algunos casos precede y guía la

---

(8)   Carlos Fuentes, "La violencia identidad de José Luis Cuevas", *Casa con dos puertas* (México: Editorial Joaquín Mortiz, S.A., 1970), p. 257.

(9)   Anna Balakian, *André Breton, Mago del surrealismo*, traducido del inglés por Julieta Sucre (Caracas / Venezuela: Monte Ávila Editores, C.A., 1971). Ver especialmente el capítulo "Hacia una nueva estructura de la escritura: La prosa analógica: *Nadja, Les Vases Communicants, L'Amour Fou*".

(10) Gerard Durozoi y Bernard Lecherbonnier, *André Breton, La escritura surrealista*, traducción del francés de Ángeles y Ketty Zapata (Madrid: Ediciones Guadarrama, S.A., 1976), p. 44.

14

vida. La escritura poética no repite, sino que inaugura por ser aventura espiritual y revelación del deseo. La elaboración del texto es simultánea a la revelación del sentido del hombre y de su escritura. A su vez, Saúl Yurkievoch ha observado que en la obra de Paz existe una relación homóloga entre la realidad y el lenguaje("Homologada la realidad con el lenguaje, la estructura lingüística resulta aplicable a toda manifestación de lo real." (11) Pero en las últimas obras de Paz esta correspondencia no se limita ya a una relación paralela, dialéctica u homologada. Lo que se potencia es la analogía entre el acto de escribir y el acto de trazar un camino: "Escribir y hablar es trazar un camino: inventar, recordar, imaginar una trayectoria, ir hacia..." (*El·mono*, p. 109). Aunque sería no solamente anacrónico sino incluso injusto hablar de escritura automática al referirnos a Octavio Paz, pues él mismo ha refutado las premisas de lo poético como revelación del inconsciente por considerarlas falsas, (12) podemos acudir a lo que Roland Barthes denomina "escritura en voz alta" (13). El caminar al azar no se lleva a cabo, como lo hacía Breton, por las calles de París, sino que se traza un camino recordado, inventado, en la página misma; es un caminar en la palabra, en la memoria, en la imaginación, y la fusión de los distintos órdenes de realidad propicia y potencia la disponibilidad para los encuentros aleatorios: "lo mejor será escoger el camino de Galta, recorrerlo de nuevo (inventarlo a medida que lo recorro)..." (*El mono*, p. 11); "Galta no está aquí: me aguarda al final de esta frase." (*El mono*, p. 19); "la jungla de letras es repetición,... perdido en la maleza de signos, errante por el arenal sin signos, manchas en la pared bajo este sol de Galta, manchas en esta tarde de Cambridge, maleza y arenal, manchas sobre mi frente que congrega y disgrega paisajes inciertos." (*El mono*, p. 39).

Paz ha comparado la escritura automática a la meditación del budismo zen y la ha definido como "un método para alcanzar un

---

(11)   Saúl Yurkievich, "Octavio Paz, Indagador de la palabra", *Fundadores de la nueva poesía latinoamericana*, 2a. ed. (Barcelona: Barral Editores, S.A., 1973), p. 255.

(12)   Véase *El arco*, especialmente el capítulo "La inspiración".

(13)   Roland Barthes, *The Pleasure of the Text*, traducción del francés de Richard Miller (New York: Hill and Wang, 1975), pp. 66-67.

estado de perfecta coincidencia entre las cosas, el hombre y el lenguaje;..." (*El arco*, p. 247), estado paradojal, que de realizarse desembocaría en el silencio. Aunque Paz niega la dicotomía inconsciente-conciencia, pasividad-voluntad que fundamenta la escritura automática, su propia escritura analógica es, como la surrealista, un método de indagación interior, un intento de aprehender la fluidez del ser en el ritmo dinámico de la otredad y de disolver la antinomia sujeto-objeto; es un anhelo de abolir las contradicciones en el aquí y el ahora de la escritura-lectura. A su visión heideggeriana del ser corresponde su poética del dinamismo. Tanto el hombre como la poesía son mera posibilidad de ser. El acto poético en su movimiento rítmico, en su temporalidad, es una negación del principio de identidad: "La poesía, / ... / es ver / la quietud en el movimiento, / el tránsito / en la quietud." ("Nocturno de San Ildefonso", *Vuelta*, p. 80). La poesía, como el hombre, es lo que está siendo.

Breton aspiraba a fundir en su poesía la flexibilidad de la prosa, el proceso mental basado en los poderes de la analogía, y la reacción *a posteriori* de la mente ante los fenómenos del mundo exterior. Paz, en la tradición mallarmeana, considera la poesía como una configuración de signos errantes en rotación sobre el espacio animado de la página, imagen del manar temporal. Tiene una idea de la línea rítmica como "metáfora del habla" y piensa que "el silencio de la página nos deja escuchar la escritura." [14] Quiere que la palabra escrita se aproxime a la palabra oral, que se acerque al *habla*, que el lector haga uso de la vista y del oído. Le gustaría volver a la práctica de la lectura de poesía como experiencia comunitaria. En *Solo a dos voces* le dice a Julián Ríos de sus planes para hacer una película con *Blanco*; quiere proyectar "el acto de leer el poema" en la pantalla. También imagina la posibilidad de usar los nuevos medios de comunicación en conjunto con la escritura; comprar una "casette" y proyectar sobre la pantalla "una escritura que también será habla y texto en movimiento". Paz se niega a reducir la literatura al concepto de escritura pues "La literatura es escritura, es tipografía, es sentido, es habla, es

---

(14)   Paz, "La nueva analogía: Poesía y tecnología", *El signo y el garabato* (México: Editorial Joaquín Mortiz, S.A., 1973), p. 19.

muchas cosas." (15) La escritura analógica de sus últimos textos capta la fluidez del pensamiento en su movimiento dialéctico entre las distintas voces del poema. La escritura se vuelca sobre sí misma y sus comentarios meta-escriturales constituyen la voz de la heterogeneidad, de la ironía (16): "lo que digo / no tiene pies ni cabeza." ("A la mitad de esta frase...", *Vuelta*, p. 43); "Estoy parado en la mitad de esta línea / no escrita" ("Trowbridge Street", *Vuelta*, p. 54); "alguien / guía la hilera de estas palabras." ("Nocturno", *Vuelta*, p. 72): "Se rebela mi lápiz a seguir el dictado. / .... / Doblo la hoja. Cuchicheos: / me espían entre los follajes / de las letras." (*Pasado*, p. 14); "Salto de un cuento a otro / por un puente colgante de once sílabas." (*Pasado*, p. 34). En diálogo con la ironía vive la otra voz del poema, la del deseo, la de la analogía:

> busca algo, la madrugada busca algo, la muchacha se detiene y me mira: mirada ardilla, mirada alba demorada entre las hojas de banano del sendero ocre que conduce de Galta a esta página, mirada pozo para beber, mirada en donde yo escribo la palabra reconciliación:

(15)   Paz-Julián Ríos, *Solo a dos voces* (Barcelona: Editorial Lumen, 1973).

(16)   Para la dialéctica analogía-ironía, véase *Los hijos*. En textos anteriores ya existían comentarios meta-escriturales pero es interesante observar que tanto la voz de la heterogeneidad de éstos como la percepción del mundo fenoménico que en este momento de su poesía se da en relación paralela y homologada con el proceso de la escritura, se presentan separados del resto del texto, en bastardilla (ver "Un poeta" e "Himno entre ruinas", de *Libertad bajo palabra*) o en paréntesis, como para enfatizar la conciencia de escisión del hablante y la distancia entre las distintas voces del poema. Ocurre en el poema "Solo a dos voces" de *Salamandra*, y, muy notoriamente, en "Vrindaban", de *Ladera este*: "Hace unos instante / Corría en un coche / Entre las casas apagadas / Corría / Entre mis pensamientos encendidos ... / (Ahora trazo unos cuantos signos / Crispados % Negro sobre blanco / Diminuto jardín de letras / A la luz de una lámpara plantado) / ... / Yo estoy en la hora inestable / El coche corre entre las casas / Yo escribo a la luz de una lámpara". En este último poema se hace patente la distancia que separa el deambular por el mundo fenoménico (factual o imaginario) y la escritura, procesos que se dan simultáneamente pero en dos órdenes distintos de realidad. (El signo conserva todavía cierta transparencia.) En contraste con esto, en su última poesía los comentarios meta-escriturales ya no son un aparte sino parte integral e incluso, en algunos casos, el tema mismo del poema, de la búsqueda que se realiza en la opacidad de la palabra-sendero: "Estoy / en la mitad de esta frase. / ¿Hacia dónde me lleva? ("A la mitad de esta frase...", *Vuelta*, p. 42).

17

Esplendor es esta página, aquello que separa (libera) y entreteje (reconcilia) las diferentes partes que la componen.

aquello (aquella) que está allá, al fin de lo que digo, al fin de esta página y que aparece aquí, al disiparse, al pronunciarse esta frase,

el acto inscrito en esta página y los cuerpos (las frases) que al entrelazarse forman este acto, este cuerpo:

El mono, p. 140

El dinamismo dialéctico entre las dos voces impulsa al hombre en su movimiento desiderativo, en su *serse*: "La escritura poética es / Aprender a leer / El hueco de la escritura / En la escritura / No huellas de lo que fuimos / Caminos / Hacia lo que somos". (17)

Según Barthes, la escritura "en voz alta" no pertenece al código normal de comunicación, al feno-texto que expresa, sino al geno-texto que significa. La escritura como proceso y como peregrinación espiritual, como transformación, enfatiza la idea generativa del texto que se teje y desteje: texto, textura, telaraña, (18) en la que el hombre se hace al deshacer el tejido, imagen de la metamorfosis que desafía el principio de contradicción parmenídico:

Hay que destejer (otra metáfora) inclusive las frases más simples para averiguar qué es lo que encierran (más expresiones figuradas) y de qué, y cómo están hechas ¿de qué está hecho el lenguaje? y, sobre todo, ¿está hecho o es algo que perpetuamente se está haciendo?). Destejer el tejido verbal: la realidad aparecerá. (Dos metáforas.) ¿La realidad será el reverso del tejido, el reverso de la metáfora aquello que está del otro lado del lenguaje? (El lenguaje no tiene reverso ni cara ni lados.) Quizá la realidad también es una metáfora (¿de qué y/o de quién?).

El mono, pp. 25-26

---

(17) Paz, "Carta a León Felipe", *Ladera este*, 2a. ed. (México: Editorial Joaquín Mortiz, S.A., 1970), p. 91.

(18) Barthes en *The Pleasure* dice: "*Text* means *Tissue*; but whereas hitherto we have always taken this tissue as a product, a ready-made veil, behind which lies, more or less hidden, meaning (truth), we are now emphasizing, in the tissue, the generative idea that the text is made, is worked out in a perpetual interweaving; lost in this tissue —this texture— the subject unmakes himself, like a spider dissolving in the constructive secretions of its web. Were we fond of neologisms, we might define the theory of the text as an *hyphology* (*hyphos* is the tissue and the spider's web)", p. 64.

La indeterminación característica de la obra de los escritores de la generación de Paz le resta importancia al valor referencial del lenguaje y realza la especificidad de la literariedad o de lo que Jonathan Culler llama nivel de la actitud natural al artificio. (19) Al leer los textos a este nivel de *vraisemblance* se potencia su condición de actos verbales conscientes de su propio artificio. En los tres textos mencionados esta conciencia se intensifica, pues la especificidad no es ya sólo de la literariedad, sino, más explícitamente, del proceso, del acto de la escritura; pero no la escritura espacial y estática sino la escritura como metáfora del habla, del ambular, de la temporalidad: "Patio inconcluso, amenazado / por la escritura y sus incertidumbres." (*Pasado*, p. 11); "En la escritura que la nombra / se eclipsa la laguna." (*Pasado*, p. 14); "El muchacho que camina por este poema, / entre San Ildefonso y el Zócalo, / es el hombre que lo escribe: / esta página / también es una caminata nocturna" ("Nocturno", *Vuelta*, p. 77). La palabra aparece en completa opacidad y el significado se da, no a través de, sino en el lenguaje, o mejor dicho, en sus intersticios: "El sentido es aquello que emiten las palabras y que está más allá de ellas, aquello que se fuga entre las mallas de las palabras y que ellas quisieran retener o atrapar. El sentido no está en el texto sino afuera. Estas palabras que escribo andan en busca de su sentido y en esto consiste todo su sentido." (*El mono*, p. 109).

La fusión de la palabra y el camino, al identificar nociones temporales y espaciales trasciende la aparente discontinuidad entre la realidad fenoménica o psíquica y el lenguaje. El poema se libera de las coordenadas espacio-temporales y ofrece la simultaneidad de espacios y tiempos y del espacio temporo-lingüístico. Esta suspensión de las contradicciones permite al hombre ahondar en su búsqueda espiritual y al hablante realizar casi literalmente lo que William Gass propone como paradigma para el artista: estar en el lenguaje y no en la escena misma: (20) "Miro a

---

(19)   Jonathan Culler, *Structuralist Poetics) Structuralism, Linguistics and the Study of Literature* (Ithaca, New York: Cornell University Press, 1975; 1a. impresión Cornell Paperbacks, 1976), especialmente el capítulo 7, "Convention and Naturalization".

(20)   "Compare the masturbation scene in *Ulysses* with any one of those in *Portnoy*, then tell me where their authors are: in the scene as any dreamer, night or

Esplendor y a través de su rostro y de su risa me abro paso hacia otro momento de otro tiempo y allá, en una esquina de París, entre la calle de Bac y la de Montalembert, oigo la misma risa. Y esa risa se superpone a la risa que oigo aquí, en esta página, mientras me interno en las seis de la tarde de un día que invento y que se ha detenido en la terraza de una casa abandonada en las afueras de Galta." (*El mono*, p. 118); "Estoy a la entrada de un túnel. / Estas frases perforan el tiempo." ("Nocturno", *Vuelta*, p. 72); "estoy en la mitad, colgado en una jaula, colgado en una imagen." ("A la mitad de esta frase", *Vuelta*, p. 43).

El mono gramático, Vuelta y *Pasado en claro* no son ya formas que encierran un significado sino un espacio magnético en el que los signos rotan, convergen y se dispersan en busca de su significado, y el acto de la escritura-lectura es alquimia, gesto, hermenéutica pues en él el hombre es un signo entre los signos, una señal o sílaba del discurso universal interrogando a los otros signos para descifrar su significación, su lugar en el cosmos: "Escribir es la incesante interrogación que los signos hacen a un signo: el hombre; y la que ese signo hace a los signos: el lenguaje." ("La máscara y la transparencia", *Corriente*, p. 46). La paridad ontológica entre los distintos sistemas de signos es fundamental en la visión que Paz tiene del cosmos como "un lenguaje de lenguajes". ("El pacto verbal y las correspondencias", *Corriente*, p. 67). (21) La analogía entre escritura y camino es una nueva manifestación de su creen-

---

day, might be, or in the language where the artist always is and ought to be." *On Being Blue* (Boston, Massachusetts: David R. Godine, 1976), p. 44.

(21) Acojo aquí el concepto de Justus Buchler de *paridad ontológica* como la actitud básica del poeta que acepta la integridad del ser de cada "complejo natural" y de los diversos órdenes de realidad, actitud que se opone a la tradición metafísica occidental del principio de *prioridad ontológica*, cuya norma del "ser" es la "realidad". *The Main of Light: on the Conception of Poetry* (New York: Oxford University Press, 1974). La actitud poética de la paridad ontológica puede ser ilustrada con la siguiente cita de *El mono*: "las frases que escribo sobre este papel son las sensaciones, las percepciones, las imaginaciones, etcétera, que se encienden y apagan aquí, frente a mis ojos, el residuo verbal: lo único que queda de las realidades sentidas, imaginadas, pensadas, percibidas y disipadas, única realidad que dejan esas realidades evaporadas y que, aunque no sea sino una combinación de signos, no es menos real que ellas.", pp. 55-56.

cia en la analogía universal y de su metafísica pansemiótica: (22) "Cuerpo tatuado de señales / es el espacio, el aire es invisible / tejido de llamadas y respuestas / Animales y cosas se hacen lenguas, / a través de nosotros habla consigo mismo / el universo. Somos un fragmento / —pero cabal en su inacabamiento— / de su discurso." (*Pasado*, pp. 35-36).

Para resumir, en un ensayo sobre José Luis Cuevas, Carlos Fuentes dice: "La obra... es lo que es *más* todo el tiempo y el espacio ausentes que convocan." (23) Los últimos poemas de Octavio Paz son signos sin referente caracterizados por su opacidad: no representan nada, no son figuración de la presencia ni de la ausencia. Son una incitación a hacer el camino y en la tradición del sueño romántico-surrealista de borrar las fronteras entre la poesía y la vida, (24) son un signo inaugural, no a través del cual, sino en el que cada uno de nosotros dibuja y recorre su mandala simultáneamente. Cada lector-oyente escucha, vive, la presencia convocada, la significancia que se da entre los signos, el deseo que encarna y se desvanece al caminar-leer: su inmanencia.

Lilvia Soto

---

(22)   Véase Umberto Eco, *Signo*, traducción de Francisco Serra Cantarell (Barcelona: Editorial Labor, S.A., 1976), especialmente el capítulo "Los problemas filosóficos del signo". Según Eco, las metafísicas pansemióticas, aunque de filiación neoplatónica, no requieren la creencia en una teofanía, pero sí, en sentido laico, en "la unidad del todo, del universo como cuerpo que se significa a sí mismo.", p. 111. De acuerdo con este principio analógico el hombre no usa el lenguaje, su actitud no es de apropiación o dominio, sino que las cosas, la naturaleza o el Ser se revelan a través del lenguaje. Al fundar una actitud interrogativa, esta creencia desemboca en la hermenéutica.

(23)   Fuentes, "La violenta identidad", *Casa*, p. 257.

(24)   "¿No sería mejor transformar la vida en poesía que hacer poesía con la vida?; y la poesía ¿no puede tener como objeto propio, más que la creación de poemas, la de instantes poéticos? ¿Será posible una comunión universal en la poesía?", *El arco*, p. 7.

Carlos Montemayor

NOTAS SOBRE LA POESÍA DE EFRAÍN HUERTA

No lloraría por mi ternura finalmente enterrada
ni por un sueño herido sentiría fina tristeza
pero sí por mi voz oculta para siempre,
mi voz como una perla abandonada.

...mi voz desaparece
convertida en un río indiferente
como todos los ríos del planeta.

oh, mi voz como luz desordenada,
como gladiola fúnebre.

Efraín Huerta
Primero y Segundo Canto de Abandono

En 1944, en un lúcido ensayo que sirvió de prólogo a *Los hombres del alba*, Rafael Solana afirmó que la poesía de Efraín Huerta es desagradable en la misma forma que lo son las pinturas de Orozco. En ese momento, atrasado nuestro verso libre en relación, por ejemplo, con Brasil, Solana tenía que defender en México una poesía que los Andrade o Drummond ejercían ampliamente veinte o treinta años antes. Pero ahora juzgar "desagradable" un poema por su verso libre, es una apreciación de poco peso.

Otras afirmaciones semejantes avanzó en ese ensayo. Por ejemplo, que Efraín Huerta carecía por completo del sentido del humor, que era el más sin sonrisa de todos nuestros poetas, y que nunca sería popular. No siempre el sentido del humor es un don de juventud; ahora, es acaso el poeta mexicano que más ríe, desde el humor sano hasta la ironía mordaz. Ahora es, también, sin duda alguna, por su actitud política, el poeta más popular de su generación.

Pero Solana acertó al afirmar que no era un poeta amargo ni triste; que desechaba airado los lujos y los colores y sólo pedía la luz, pura, dura, fría. Aunque esa luz, matizada ya, deja entrar la oscuridad humana o urbana en el amor, en la nostalgia, en el canto, gran parte de la mejor obra de Efraín Huerta es la contemplación o la expresión implacable de una áspera claridad, de una intransigente luz. Justo fue advertir, por ello, que su adjetivo no busca embellecer ni encubrir el nombre al que se aplica, sino acidularlo. Abrir los caminos a la realidad, derrumbar muros y puertas para entrar en ella, tal es la furia a la que se someten sus adjetivos en la búsqueda de una ciudad, una mujer o una lucha, siempre que no convierta su poesía, como apunta Solana, en arma de polémica y de política, revistiéndola de un carácter oratorio y panfletario.

Octavio Paz confesó que en la temprana poesía de Efraín Huerta sólo vio la continuación del surrealismo latinoamericano y español, pero el espléndido poema de "La invitada", por ejemplo, que corresponde a *Absoluto amor*, de 1935, parece más cercano al creacionismo que al surrealismo, incluso por su apertura y elaboración, lejana de la mecánica asociativa surrealista. Aún en *Los hombres del alba* es observable una depurada poética, una elaboración en que el color, los vocablos, las imágenes, cuidadosamente se construyen como conteniendo ecos de *El espejo del agua*, *Poemas Articos* o *Ecuatorial*, apegado al consejo de que cuando el adjetivo no da vida, mata.

En todos sus poemas hay especialmente un combate por el amor, un combate áspero, doloroso, de una riqueza contradictoria que desemboca a veces en el escarnio, en el desastre o en la ternura; es el combate del ser humano en su amplia gama de miserias, rencores, odios, ternura. De los reflejos de ese diamante primordial, el universo poético de Efraín Huerta podría entenderse bajo estos puntos cardinales: amor, política, ciudad y asolamiento.

II.

Del encuentro con la mujer arranca la poesía madura de Efraín Huerta, el lenguaje, la metáfora, el alba, las flores. En el conjunto *La línea del alba* (1936) surge además el germen de la visión cotidiana, esa percepción de las cosas mortales y simples que fue fundamental en su posterior obra. La octava estancia de *La línea del alba*, la más bella del conjunto, cierra con un memorable verso: pide a la amada que rompa lanzas

...contra esas tristes cosas.

Hasta *Los hombres del alba*, los mejores poemas de amor fueron poemas no sobre la mujer, sino que *suponían* a la mujer; poemas de sensualidad que suponían la amargura y el desolamiento; poemás de pasión que suponían el abandono; que hablan del amor, pero que lo experimentan como desesperado recuerdo. Poemas elaborados, como nunca volvería a hacerlos, se muestran como la mirada de un habitante del mundo, de alguien que lo ve con tristeza, rencor, furia, amor o ironía, pero siempre cercano, siempre participante en él. Efraín Huerta no es desde entonces el poeta que canoniza el mundo o que lo canta con asombro; es el poeta que lo habita, que participa, que tiene su mortal reino en él.

En 1944, en *Los hombres del alba*, se consolida en inmejorable alianza la ciudad, la conciencia política y el lenguaje descarnado que hace de cada verso una verdad dicha sin "encubrimientos poéticos", que contrasta con la poesía malabarista e inocua que en esos mismos días firmara Octavio Paz en "Condición de nube" o "El girasol". Esa voz viril, directa, consolidó para siempre una mirada limpísima de lo que es posible mirar, no soñar. Todo habita la ciudad y el mundo; no los encubre el amor ni el cantor. La ciudad sólo tiene su contrapartida en las flores porque, como los hombres, en ella agonizan, mueren, envejecen, lloran. El alba es lo que se canta, lo que sin invocarse rodea: la ropa en el suelo, la amante desnuda, la mirada, el sol, la idea, la ebriedad, la vida, y también el odio. Más que cantar, el hombre mira, el hombre reconoce.

En el admirable poema "La muchacha ebria", el rumor de la ciudad corre bajo los versos; el amor es la congregación de las calles, las flores secas y la ternura, la aceptación triste de la vida imperfectamente, incomparablemente, desesperadamente humana. El amor no evade; lleva hacia el mundo. Es un poema abierto, manchado, desgajado por sus mil facetas; es la herida en que sale sangre, vapor, olor, y entra viento, polvo, luz, ruido.

En otro poema de la misma época, "El amor", este sentimiento parte de una conciencia impersonal, de un dato sensorial que no atañe a un solo cuerpo, a un solo ser, porque es más fuerte, más de especie. Su reducción individual es un amor tenso o mordaz, o invadido por su fuerza impotente: el odio. Esta multiplicidad en una misma pasión, es la puerta hacia el mundo en sus mejores poemas.

En *La rosa primitiva*, de 1950, su depurado oficio decae, sus metáforas son a veces gratuitas y sus versos huella retórica de su gran poesía anterior. Pero en "Nocturno del Mississippi", (*Los poemas del viaje*, 1949-1953), el amor de los jóvenes negros es como un canto a hechos naturales, prodigiosos, sólo pervertido por la voluntaria poesía del verso final. En 1957 y 1960, fecha dos poemas maduros: "Para gozar tu paz" y "Voces prohibidas", que elevan, serenos ya, equilibrados, más sobrios acaso, los mismos elementos poéticos de su época de *Absoluto amor* y *Línea de alba*, y las mismas nociones del mundo que el amor nos muestra. La pasión por la imágenes, por el exceso de metáforas que enlaza imagen tras imagen, está aquí frenada, contenida acaso en el límite mismo en que las palabras no son afán "versificador", sino fórmulas íntimas del amor por una mujer, sin que importe en uno su referencia quevediana, y alcanzando en otro a alejarse de los desastres:

> Ni la rosa del ansia ni el clavel de miseria,
> sino la joven luz del alba...

Una nueva estructura, una forma diferente de hablar, aunque retornando una vez más a la furia polivalente de la destrucción, al combate de los amantes (más bien, quizá, *del* amante), y a la ternura, la soledad, la compañía, e incluso la risa, aparece en el estupendo "Apólogo y meridiano del amante", de 1970, poema iconoclasta, realista, que más que ningún otro acaso podría comprenderse bajo las páginas que Solana escribiera en 1944: áspera y alta poesía. Sus poemas posteriores muestran un desenfado mayor de lenguaje, una antisolemnidad y obsesión por el vocablo muy cercanos al retruécano. Acaso el más limpio de ellos sea el breve poema "Almida de regreso a Morelia".

III.

Donde reside la mayor fuerza de este poeta es en su acercamiento a la ciudad. Su vocación urbana se abre paso en todos los suburbios y habitantes, y como con una amante, su amor es odio, rencor, furia, ternura, aceptación. El tema lo trata por vez primera en 1944, en *Los hombres del alba*. En este libro, las palabras por vez primera son cotidianas y concretas; sus imágenes no son malabarismos, juegos intelectuales o alardes poéticos; son imágenes recogidas del mundo, de las calles, de los bares, de la realidad. Ese cuerpo de concreto colma los versos. El encuentro brutal con la ciudad hace descender los días, las cosas, la mirada, las palabras, a la realidad en que vive. Los poemas no son omnipotentes, sino, en el tumulto salvaje de la ciudad:

> ...nido blanco en que somos
> como palabra ardiente desoída

dice en "Declaración de odio", donde los poetas descastados

> por sus lamentos al crepúsculo y a la soledad interminable

lo hacen odiarla, amarla, combatirla. La comprensión de la ciudad es un grito de lucha, un grito de protesta y de dolor, de vergüenza y de odio. Amar la ciudad es convertirse en participante de un combate. Por ello, en "Declaración de amor" cabe la ternura y la muerte, la posibilidad de sentir que un hombre caminando en las calles es todos los hombres, que la muerte o la basura es nuestra hambre y nuestra miseria.

> mírame con tus ojos
> de tezontel o granito
> caminar por tus calles
> como sombra o neblina.

Como la lluvia, la neblina o la sombra, los hombres la habitan, y cada uno es hacedor y partícipe de los otros. Es lo que los hombres son y lo que sienten; por ello el poema es lucha entre hombres, conciencia social, muerte, protesta. Pero es también el amor, que hace femenina a la ciudad, para decirle:

> Bajo tu sombra, el viento del invierno
> es una lluvia triste, y los hombres, amor,
> son cuerpos gemidores, olas
> quebrándose a los pies de las mujeres
> en un largo momento de abandono
> —como nardos pudriéndose.

El poema "Los hombres del alba" parte de la escoria, de la basura de las calles como del detritus de los hombres: el alba es el combate puro, el infierno del que se elevan las ciudades y sus días. Su capacidad de entender la ciudad como un encuentro y triste algarabía de humanos, le da una dimensión mayor: puede cantar no sólo México, también Manhattan, Santiago, La Habana o una ciudad destruida: El Tajín. La fiesta de los hombres, la música de los hombres, lo es también de la ciudad; por ello, en el magnífico "Harlem negro", acaso el mejor poema de sus *Greyhound Poems*, dice:

> Gran noche para el cielo de Harlem.
> Gran noche ¿por qué no?, para todo Manhattan.

En los siguientes libros, *Karlovy Vary* y *Estrella en alto*, se abre un amplio paréntesis. Su vocación urbana se hace a un lado para dejar paso a la profesión de fe política, no al encuentro con ciudades, calles, hombres, realidades. En poemas como "Palomas sobre Varsovia", "La sílaba dorada" y "El río y la paloma", no hay ciudad, no hay la compenetración intensa con que es capaz de ver las ciudades que *siente*, no *en que cree*. Esa retórica, entonada más en honor del socialismo que de las ciudades reales, más en función de ideas que de la realidad sensorial de ellas, contrasta con dos admirables poemas de *Estrella en alto*: "Buenos días a Diana cazadora" y "Avenida Juárez". En el primero, el amor a la ciudad de México, la figura femenina, las cosas, el alba, se unen:

> serena, rodilla al aire y senos hacia siempre, como pétalos
> que se hubiesen caído, mansamente, de la espléndida rosa
> de toda adolescencia.

El otro, "Avenida Juárez", es un canto elegíaco de nuestra corrupción y vasallaje, la conciencia dolida de nuestra postrada y falsa libertad ante el imperio rubio:

pregunta que es un recuento y un abandono: la lucha de todos los poemas anteriores pareciera terminar en esta ciudad saqueada, incendiada, bárbara.

Después de "Declaración de odio" y "Avenida Juárez", sólo acaso su bella "Sonata tristemente larga por la Habana vieja" y el exacto "Arde Santiago", fueron los poemas que recogieron su pasión por otras ciudades. Pasión que nos advirtió para siempre que la vocación realista, la vocación de la poesía por mirarnos y descubrirnos, es su profunda fuerza, no los malabarismos con imágenes, conceptos o pasatiempos.

IV.

En la presentación que José Emilio Pacheco hizo a la poesía de Efraín Huerta para Voz Viva de México, en 1968, afirmó que era común creer que un poema "no es un acto político y no vale sino en función de criterios de arte." Agregó Pacheco que "la poesía estuvo siempre comprometida hasta que en el siglo pasado algunos grandes hechiceros la comprometieron sólo con la poesía". Y subrayó, en función de la poesía política, que en nombre de "la libertad creadora hay que defender el derecho del poeta a escribir sobre todo aquello que le afecte".

En realidad, la poesía es la poesía. La especificación de "política" o "lírica" obedece a criterios históricos o a condiciones de la evolución, de los géneros poéticos. No hay nada que pueda llamarse "político" en estricto sentido, sino sólo cierta retórica, como no hay nada "histórico" en detrimento de otras calidades. La política abarca gran parte de todos nuestros actos y obras literarias. Los poemas de la ciudad de Efraín Huerta, como "La muchacha ebria" o "Declaración de odio", son políticos y mejores que "Las palomas sobre Varsovia", porque en los primeros se trata de una realidad concreta, de un grito real y profundo que se escucha en todos los versos, y en el segundo de un stalinismo profesado, mental superficialmente (aunque en su alma fuese profundo) en las palabras: éste es retórico; los otros son poesía. Tuvo razón Pacheco al afirmar que el compromiso político en poesía no es algo nuevo. La poesía se inició por su vocación religiosa, después, por su necesidad civil y política. Los primeros poemas griegos son religiosos; los segundos —y más importantes— políticos. La poesía lírica es tardía: el dialecto eólico detentó sus primeros cantos.

Pero cuando Pacheco afirmó que era equivocado creer que un poema "no vale sino en función de criterios de arte", usó ambiguamente el concepto "criterios de arte". Si por ello entendía sólo lírica, estaba en lo cierto; si por ello entendía poético estaba equivocado. Un poema sólo puede entenderse en función de criterios poéticos (lenguaje, imágenes, conceptos, ritmo, pasión, emoción, profundidad, música, lo que se quiera), no en función de otros, así sean médicos, matemáticos, administrativos o políticos. Así como un trabajo químico sólo puede medirse químicamente, un poema (*si queremos* seguir llamándole *poema*) sólo puede medirse poéticamente. Pacheco observó que hay malos poemas de amor, como hay malos poemas políticos, y que no por ellos debían prohibirse unos ni otros. Pero debemos agregar que no son malos por el *tema*, son malos por su hechura, por su calidad poética, por su incapacidad poética. En efecto, el estar enamorado no exime de hacer un pésimo poema de amor; el ser preso de un arrebato místico o de un fervor religioso, no exime de escribir un mal poema religioso; el padecer hambres o dichas en una gran ciudad, no asegura el hacer buenos poemas urbanos; el ser militante político o hacer profesión de fe política, tampoco asegura escribir un buen poema político. Para hacer *El arte de amar*, *El cántico espiritual*, "Avenida Juárez" o "Las alturas de Machu Pichu", aparte de los motivos que le afecten al poeta en su ser profundo, esencial, se requiere *ser* consciente, además de la poesía. La especialidad política del género es ficticia; sirve como segunda credencial de partida o como única, a falta de él, porque no hay, en última instancia, sino buenos o malos poemas, palabras que son poemas o palabras que no logran serlo. El criterio que para impugnar una obra utilice el término "político" o "panfletario", es de la misma naturaleza que el que utiliza términos como lírico, reaccionario, escapista, purista o religioso. Un poema vale por su capacidad de trascendencia universal, no sólo por su ideología política, su indignación, su amor, su lascivia o su arrebato religioso. La Orestíada, Antígona y la Eneida son poemas políticos, pero lo son en un alto grado humano y universal. Los poemas urbanos o de desastre de Efraín Huerta son políticamente superiores a sus poemas "especialmente" políticos, porque son reales, directos, sensoriales, con una intensa emoción del descubrimiento humano; los otros son abstractos, retóricos, alejados de la sangre; la vocación por la realidad, aun en Efraín Huerta, es más intensa y esencial que por las doctrinas. *Los perros del alba* son más reales que *Los perros de Dios; La declaración de odio* que *El descubrimiento de la URSS.*

Antes de *La raíz amarga*, los poemas políticos de Efraín Huerta no continúan su búsqueda de lenguaje, de imágenes, de realidad, de mensaje directo. La retórica toma el lugar del grito real y profundo; la doctrina, el lugar de la protesta, del odio o de la ternura real que una ciudad le despiertan. Es notable el contraste entre los *Poemas de guerra y esperanza* con el espléndido, indignado, tierno, trágico, "Ellos están aquí" en 1937, poema universal, además de testimonio. En la misma medida, "La raíz amarga" es un poema perdurable ante *Alabama en flor*, por ejemplo, o ante la mayoría de sus poemas políticos fechados de 1962 a 1964, salvo, por supuesto, la segunda parte de "Agua de Dios", poema en que irrumpe una nueva visión, quizás debida a *El Tajín*: el México precolombino, la sangre oscura y subterránea que corre en nuestras arterias. El sacrificado renace en sus poemas; retornan los dioses de México Tenochtitlan, y bajo las estrellas desvanecidas de México se siente el antiguo sacrificado pidiendo lo mismo al Dios: hacerlo vivir. El *Canto a la liberación de Europa*, también de sus poemas juveniles, es de alta vida, lejos de la retórica de poemas posteriores como *Perros, mil veces perros, Farsa trágica del presidente que quería una isla* o *Elegía de la policía montada*, no muy lejanos de la endeblez del *Descubrimiento de la URSS.*

Pero hay una faceta más en su poesía: el poema cívico mexicano, el poema patrio, cuyo primer momento importante fue el "Poema de Obregón" y su cumbre "Amor, patria mía", donde el amor, la mujer y la historia patria se funden en una formidable amalgama. La antisolemnidad, la vocación especialmente trágica y el lamento se contienen y se equilibran en este poema que es una de las mejores muestras de la evolución permanente de Efraín Huerta y de su alta vocación civil, amorosa y poética. Con "Ellos están aquí", "La raíz amarga" y "Agua de Dios", este poema de madurez muestra que la tensión política —como el amor o la pasión por la ciudad— no es un sólo motivo, no busca una especificidad, sino que es una parte de los reflejos de un diamante, una parte de la amplia gama de la vida. La política, la realidad, se entremezclan con el amor, el deseo, los parques, las flores o el recuerdo: nunca es el hombre un elemento químicamente puro, sino humanamente complejo, múltiple, enamorado, contradictorio.

V.

La riqueza polivalente de la poesía de Efraín Huerta, ya sea en el amor, en la vocación urbana o en el recuerdo, tendió siempre a los valores que podríamos llamar negativos, al odio, a la desolación, al abandono, a la destrucción. Acaso por ello fue sensible a innumerables poemas en que la contemplación del abismo, de las tinieblas, de la postración, le permitió elevarse hasta los más altos momentos de exaltación humana. "La muchacha ebria" es un ejemplo incomparable; "Declaración de odio", otro; "Avenida Juárez" uno más. Esta tendencia fue quizás la que en su primera etapa llevó a Solana a afirmar que era el poeta sin sonrisa y lo que explica el tono de solemnidad que sólo hasta recientes años termina, cuando su humorismo brutal en ocasiones, irónico las más, se abre paso de manera definitiva en su obra. Parte de este humor es visible en los "Poemínimos", que se antojan cercanos a una tradición muy extendida durante el Renacimiento en la literatura profana de los humanistas (como Rabelais) y hasta muy avanzado nuestro Siglo de Oro (como en Quevedo): los retruécanos y esgrima de refranes, casi siempre de doble sentido, a veces en versos medidos, a veces en prosa; Efraín Huerta retoma los de nuestro tiempo, jovialmente, sin procurar nada más allá de su risa y su sorpresa, al igual que en aquellos tiempos en que se mofaban de las buenas costumbres, las buenas letras, la liturgia, el poder, el escritor mismo, acaso con más ingenio y con más conciencia de la lengua.

Pero si bien, como decíamos, su proclividad a la destrucción permea toda su obra, hay momentos cumbres en que tal pasión se logra en un canto de la muerte, el fin o el asolamiento. Si cuando habla de amor cae en sus opuestos, en ocasiones, al hablar del caos llega al orden. "Los perros del alba" pueden ser un gran ejemplo de esta pasión; los mayores, seguramente, los *Responsos* y "El Tajín".

Los *Responsos* son piezas elegíacas o de lamentación a la muerte de Hemingway, Kafka, Che Guevara, Stalin y Darío.

Encienden su pasión por la vida mediante vasos comunicantes que lo unen con la ciudad, los escritores, los encomenderos, los revolucionarios. La comunión con dos escritores permitió, sin duda, sus mejores piezas en "Sílabas por el maxilar de Franz Kafka" y "Responsos por un poeta descuartizado"; ambos con un final que a su modo aluden al mismo lamento por todos los poetas y por todos los creadores, diciendo en el primero *hacedores* y en el segundo *poetas*. El canto a la calavera en Efraín Huerta no es una pasión byroniana o apocalíptica; el canto al maxilar de Kafka es al hueso primordial, navío primordial que a través de la desolación y la vida sirve para entender la raíz del alma y

> ...aguardar amorosamente
> la carcajada y la oración, la blasfemia y el perdón.

El canto funda la vida esencial de todo poeta; no es la calavera callada, sino el Testimonio Angular para:

> escribir sobre la piel la palabra abismo,
> la palabra epitafio, la palabra sacrificio
> y la palabra sufrimiento
> y la palabra Hacedor.

El otro poema, dedicado a Rúben Darío, es la elegía para todos los poetas, la muerte en que los pies, el cuerpo, la ebriedad, la cárcel, los paraísos e infiernos, el alcohol y las vísceras de un poeta, son los de todos los poetas, la muerte que santifica a todos, el grito agónico colmado de ríos y montañas y visiones que nos bendice a todos:

> la sombra de recinto de todos los poetas vivos,
> de todos los poetas agonizantes,
> de todos los poetas

Especial pasión que hace de un poema elegíaco casi un canto épico: la muerte como una proeza, como un portento de poetas.

"El Tajín", por su lado, soberbio poema de la extinción, al mismo tiempo que expresa la desolación y la muerte, se sostiene en una idea primordial: el sacrificio en la cultura precolombina. Esta imagen aparece en los dos primeros poemas de la trilogía. En el primero, como paisaje detenido en la luz sin sombra, canicular:

> Todo se ha detenido, ciegamente,
> como un fiero puñal de sacrificio.
> Parece un mar de sangre
> petrificada
> a la mitad de su ascensión.

El segundo poema advierte que:

> ...un ave solitaria y un puñal resucitan.

y señala en el centro de la trilogía:

> No hay un imperio, no hay un reino.
> Tan sólo el caminar sobre su propia sombra,
> sobre el cadáver de uno mismo.

El sacrificio y la muerte son de un amplio radio; incorporan edades, reinos y civilizaciones; es el espejo universal de la muerte que descubre el sacrificado. Pero éste no ve cumplirse la piedad de su sacrificio, no ve renovarse la vida, el relámpago y el trueno del fuego y de la vida: ve la muerte, la Gran Muerte Universal, el Gran Naufragio.

> ...sólo encuentran
> la dormida raíz de una columna rota
> y el eco de un relámpago.

Entonces "El Tajín" confiesa su furor último, pirámide que abre los ojos calcinados y silenciosos, colmados de muertes, sólo en espera de cerrarlos para siempre:

> cuando el país serpiente sea la ruina y el polvo,
> la pequeña pirámide podrá cerrar los ojos
> para siempre, asfixiada,
> muerta en todas las muertes,
> ciega en todas las vidas,
> bajo el silencio universal
> y en todos los abismos.

Esta trilogía es su más importante poema sobre la extinción; sabio y profundo, exacto. Es la contemplación de todo: la colina donde la nueva vida (entonces ellos —son mi hijo y mi amigo / ascienden la colina) encuentra el vestigio de la anterior; a través del eco de trueno y la columna rota, es la vida y su milagro, su resplandor; es la vida con su historia y su mito; es la pérdida y sacrificio de la vida, la historia, la ciudad, el rayo luminoso; la dolorosa contemplación del mundo y su fin, la conciencia del fin. Este colapso universal es el Gran Sacrificio con que concluye el resplandor relampagueante de la vida:

> Tajín, el trueno, el mito, el sacrificio.
> Y después, nada.

final que se emparenta con el también relampagueante de Quasimodo:

> E subito sera.

Después de "El Tajín", Efraín Huerta es sensible a la cultura precolombiana, a "México Tenochtitlan", al recobramiento de una conciencia más poliédrica del país, de la vida, de la risa.

VI.

Su poesía actual es de una antisolemnidad cada vez mayor, de un coloquialismo cada vez más acentuado y en ocasiones barroco, obsesivo. "Amor, patria mía", es acaso el poema más equilibrado y sólido de su última producción; también, la muestra de un cambio todavía fecundo. Pero en una obra que abarca el amor, la ciudad, la política y el desastre, acaso pareciera arriesgado proponer un elemento rector.

Sin embargo, si atendemos a que su poesía no escinde ningún elemento y los deja sueltos, hermanados con el mundo, con los días; si recordamos que su emoción polivalente se abre al amor y al odio, al combate y a la ternura, al grito y al amor por el entusiasmo; si recordamos que su vocación por la ciudad es la vocación por la realidad, por el mundo poliédrico y completo, y que las orquídeas también pueden verse martizadas o los nardos pudriéndose, o la amorosa ciudad destilando corrupción, muerte, hambre; si junto a lo dulce e íntimo también brota la tierra, el lodo, el tezonole, la rabia, la impotencia; esta pasión que todo recoge, esta pasión que a todo se abre, es una pasión amorosa. Esta es quizás a lo largo de toda su obra el principio rector: el amor. Cante desde el odio, desde la ira, desde la impotencia o desde la muerte, el amor es la vitalidad que congrega todas las luces contradictorias del diamante humano. No es el amor un tema preciosista, una mariposa prendida y encerrada en cristal para verlo en su pureza inmóvil y aislada, sino el amor real, imperfectamente humano, amplio y contradictorio para odiar, temer, enfurecerse, recordar, olvidar, negar *mientras ama*. Esto permite ver lo dulce como ruin, lo inviolado como si por alguien fuese desechado, lo sincero como una moneda perdida o las banderas agitarse como ruinas. Es la euforia que inflama sus malos y sus buenos poemas políticos, la fiesta en "Harlem negro", en la "Habana vieja", en "Buenos días a Diana Cazadora", en numerosos poemas. Acaso por ello, en su "Borrador para un Testamento", confiesa con dolor, con ese doble valor lastimoso y tierno de la vida, que en su juventud:

> Dije "el amor" como quien nada dice o nada oye.
> Dije amor a la alondra y a la gacela,
> a la estatua o camelia que abría las alas
> y llenaba la noche de dulce espuma.
> He dicho siempre amor como quien todo
> lo ha dicho y escuchado. Amor como azucena.
> Todo brillaba entonces como el alma del alba.

Evelyn Picón Garfield

LOS SISTEMAS DE DEPENDENCIA
EN LA POESÍA DE ALÍ CHUMACERO

El poeta más conocido del grupo "Tierra Nueva", Alí Chumacero, figura entre los más fecundos colaboradores de la revista homónima publicada entre 1940-42. La postura estética de su generación literaria se distingue de la promoción anterior, "Taller", caracterizada, ésta por una realidad encendida de luz primordial y pasión, exenta del pesimismo extremado de poetas como Chumacero y González Durán. (1) Estos cultivan la introspección y la intimidad reflexivas y perpetúan la larga tradición hispánica y mexicana de indagar "un sentido, una explicación, a la predominancia en la poesía y en otros campos de la cultura, del tema de la muerte." (2) A este respecto, la poesía de Chumacero, más afín a la de los "Contemporáneos" (3) como Xavier Villaurrutia y José Gorostiza, anteriores a "Taller", sin embargo carece del énfasis cerebral de poemas como "Muerte sin fin". Estos tres mexicanos se aúnan al elenco internacional de obsesos de la muerte, entre ellos San Juan de la Cruz, Quevedo, Baudelaire, Hölderlin, Poe, Novalis y Rilke. (4) Aunque Chumacero comparte con los de su grupo, como González Durán, una predilección por

---

(1) Cf. Raúl Leiva, *Imagen de la poesía mexicana contemporánea.* (México: Imprenta universitaria, 1959), pp. 272-73.

(2) John F. Garganigo, *"Tierra Nueva:* su estética y poética," *Revista Iberoamericana,* julio-diciembre 1965, Vol. XXXI, No. 60, p. 240-41.

(3) *Ibid.*, p. 242.

(4) Leiva, p. 119.

las imágenes lúgubres, en cuanto a la preocupación existencial, simpatiza más con Gorostiza y Villaurrutia. (5)

Sin embargo, por lo general, a la poesía de Chumacero le faltan la gracia paródica y agónica de Gorostiza y la ironía lúdica de los dos "contemporáneos". Por ejemplo, Chumacero invoca a Dios pocas veces ("El nombre del tiempo") (6) mientras que a Gorostiza le duele mucho el papel divino en "Muerte sin fin", donde el poeta blande el arma crítica contra la arbitrariedad de Dios: "Mirad con qué pueril austeridad graciosa / distribuye los mundos en el caos, / los echa a andar acordes como autómatas". (7) A diferencia de Villaurrutia, Chumacero, con poca frecuencia, manipula los fonemas parejos de vocablos distintos como en su "Desvelado amor", donde el recurso resulta en una relación entablada entre voz y cuerpo, sonido y pasión: "Cayó desnuda, virgen, la palabra; calló la virgen desnudada" (PA/45). Villaurrutia utiliza más a menudo estos serios juegos verbales como en los versos que a continuación citamos, donde se juntan sílabas y se reiteran fonemas para que quede subrayada la ironía o reflejada la voz en el espejo. (8)

---

(5)   Chumacero dedicó un prólogo al volumen de obras de Villaurrutia. Xavier Villaurrutia, *Obras*. (México: Fondo de Cultura Económica, 1953).

(6)   Alí Chumacero, *Imágenes desterradas* en *Páramo de sueños seguidos de Imágenes desterradas* (México: Universidad Nacional Autónoma de México, 1960, 2a. ed.), pp. 66-67. De aquí en adelante todas las referencias se harán entre paréntesis dentro del texto (volumen/página) según las siguientes abreviaturas:
PS: *Páramo de sueños* en *Páramo de sueños seguidos de Imágenes desterradas* (2a. edición, 1960), 1a. edición, 1944.
ID: *Imágenes desterradas* en *Páramo de sueños seguidos de Imágenes desterradas* (2a. edición, 1960), 1a. edición, 1948.
PR: *Palabra en reposo* (México: Fondo de Cultura Económica, 2a. edición, 1965), 1a. edición, 1956.
Al referirnos al poema ejemplificador del estudio, "Amor entre ruinas", utilizaremos sólo el número del verso.

(7)   José Goroztiza, *Poesía*. (México: Fondo de Cultura Económica), p. 113.

(8)   Merlin H. Forster, *Fire and Ice. The Poetry of Xavier Villaurrutia*. (Chapel Hill: University of North Carolina Press, 1976), p. 66.

Cuando la vi cuando la vid cuando la vida ("Nocturno eterno")
. . . .
Y en el juego angustioso de un espejo frente a otro
cae mi voz
y mi voz que madura
y mi voz quemadura
y mi bosque madura
y mi voz quema dura ("Nocturno en que nada se oye") (9)

En "Muerte sin fin", a lo largo de un buceo filosófico sobre la esencia/existencia, la conciencia de la forma y la mortalidad, Gorostiza canta a una muerte y a una naturaleza externas o internas respecto al "yo" poético, mientras que en el verso de Chumacero, todo se subjetiviza; se interiorizan muerte y naturaleza como en el "Nocturno" de Villaurrutia: "¡Todo! / circula en cada rama / del árbol de mis venas". (10) Pero, en contraste con Villaurrutia, Chumacero siempre parte del eje corporal de sensaciones y sentimientos, y escamotea explicaciones y reverberaciones filosóficas.

Los tres mexicanos comparten una imaginería sinestésica y un léxico parecido —agua, flor, estatua:

Lleno de mí, sitiado en mi epidermis (Gorostiza, "Muerte sin fin") (11)
. . . .
Estoy junto a la sombra que proyecta mi sombra,
dentro de mí sitiado (Chumacero, "Espejo de zozobra", PS/15)

En particular, las antítesis de fuego / agua y calor / frío, presentes en el epígrafe a *Nostalgia de la muerte* de Villaurrutia ("Burned in a sea of ice, and drowned amidst a fiere," de Michael Drayton), también tipifican el verso de Chumacero y aproximan a los dos a una tradición moderna que asociamos con otros poetas como Charles Baudelaire, atentos a las profundidades oscuras de la existencia.

Los tintes claroscuros y el hermetismo sensorial y simbólico de Chumacero se distinguen del mayor cultivo cromático de los dos

(9) Villaurrutia, pp. 51 y 47.

(10) *Ibid.*, p. 44.

(11) Gorostiza, p. 107.

"contemporáneos" y de una vertiente cotidiana en el verso de éstos, la que abarca el mundo circundante, tecnológico —la electricidad, el tren, la telegrafía, y lugares geográficos— ausente del microcosmo chumaceriano. Como lo han notado varios críticos, entre ellos Luis Mario Schneider, la lírica de Chumacero está "despojada de todo contorno de relación social." (12)

I

"Amor entre ruinas", el poema más extenso de los tres volúmenes de Alí Chumacero, forma parte de la sección "Tiempo perdido" del segundo tomo *Imágenes desterradas*. Se había anunciado este título, "Amor entre ruinas" en su primer libro, *Páramo de sueños*, para encabezar un apartado de quince poemas. La reiteración y el significado del rubro se ciñen a su papel fundamental que sostiene y abarca la tríada lírica de Chumacero: muerte, vida, amor. Los vínculos entre estos tres temas perennes constituyen un sistema de subordinaciones telescópicas que descubrimos en "Amor entre ruinas" como uno de los mayores logros de su lirismo. Veremos que los lazos temáticos se edifican sobre una compleja red de nexos semánticos y sintácticos, sobre una imaginería enhebrada en una maraña sensorial.

La poética de Chumacero se ahonda en un concepto de la vida penosa sometida a una lenta consunción (PS/37-38). El hombre desamparado y huérfano vaga por un desierto del olvido (PS/56-57; ID/64-65 y 98-99). Asomado al abismo del duelo existencial (PS/37-38), se anega en la soledad del "yo" (PS/13-14), en la hiperestesia de oírse el cuerpo (PS/52-53) y de agonizar inserto en su forma, sitiado dentro de sí (PS/15-16). Vía el desdoblamiento, el poeta viene a encarnar un Narciso herido, reflejo del ser cuya "inexistencia" le concede una doble muerte: la de su forma terrenal y la de su imagen en el espejo (ID/64-65). Se considera sepulcro de sí mismo (PS/29-30). Alimentada por el enamoramiento de la carne dolorida (PS/13-14), su introspección psíquico-aníma le proporciona la experiencia vital del implacable paso de una muerte imperfecta y parcial por ser simulacro de la definitiva.

(12)   Luis Mario Schneider; *La literatura mexicana II*. (Buenos Aires: Centro Editor de América Latina, 1967), p. 22.

Agobiado por un vacío circundante sólo su pulso delator de su mortalidad le asegura que vive y muere a la vez.

Todo perece (ID/68-69, 88-89, 92), incluso el hombre, quien no es más que "desplome del tiempo" (ID/63). Sus recuerdos viajan hacia el olvido (PS/56-57, 70-71), y el sueño de lo pretérito se aniquila en tristeza (ID/86-87). A veces se erige la esperanza de conocer el misterio existencial ya presentido en la muerte que vive a cada momento (PS/23-24, 25-27).

Chumacero siente la sangre herida que corre por sus venas (PS/21-22) en ella navega despacio la muerte (PS/17-18), creciendo en sus entrañas (PS/56-57), cavándole una tumba (PS/25-27). Se entrega a los efluvios mortíferos de la carne, a su retorno a la matriz húmeda, recuerdo inicial del primer encuentro mortal (PS/24-24). Inmerso en la quietud de la nada, el poeta dialoga tiernamente con la muerte, imaginándola sola, pura, libertada, después de que él sucumbe al derrumbe final (PS/17-18).

Sólo la mujer, bálsamo y naufragio a la vez (ID/98-99), rescata al poeta del interno compás funesto. Ella le hace renacer por medio de la pasión que rompe la forma congelada de un tiempo vuelto espacio (PR/44-45), de su cárcel de estériles pensamientos reflexivos. Y sin embargo, esta salvación *contra* el mundo y *contra* sí, implica la destrucción (PA/28), puesto que el amor brota ya tronchado y marchito, como "incendio entre ruinas", y lleva consigo su inevitable fenecer. Por lo tanto, el poeta descubre la vida y la muerte a través de la pasión (ID/102-103), la cual sabe a sepulcro (PX/43-44) y a la tristeza infinita de una hermosura ilímite y efímera.

La cruel huella del amor desvanecido (PS/45-46) deja al hombre con la forma de la ausencia (ID/102-103), con un pavor sombrío, con un temor de ser sólo unos restos agónicos que reflejan lo desaparecido (PS/37-38). Soñar con la imagen de la nada es hundirse de nuevo en sí (PS/56-57), volver a la mirada reflexiva, al sueño que presagia la muerte doblemente experimentada con amor y vida. El poeta deja constancia de su íntima soledad, de su agónico sentir, y de su condición existencial, cuando surge su voz (PS/29-30) para recrear la sombra del amor extinguido en sueños (PS/37-38, 52-53). De modo parecido a la pasión consumida en cenizas, su palabra rueda por la piel al abismo, y el poeta sin voz se descorporeiza en mera huella o eco de lo perecido.

II

Una relación osmótica: flor y agua

Las imágenes de la flor retienen sus significados tradicionales: fragilidad, belleza, pureza y fugacidad. Se constata el interés en este símbolo para los poetas de "Tierra Nueva", con la publicación en su revista de un estudio sobre la rosa efímera en la poesía española de Góngora, Sor Juana Inés de la Cruz, Calderón y Espronceda. (13) En la lírica de Chumacero, la flor se vincula a otros símbolos o vocablos de índole movediza o transformadora e imparte su inminencia al cuerpo del hombre donde florece en el meollo de sus huesos o en los labios que pronuncian la palabra y confieren el beso efímeros. La flor, que de modo antitético encarna el fallecimiento corpóreo y el nacimiento temporal, se ubica en el jardín como la muerte en el cuerpo del hombre. Ni el jardín ni el ser humano logra compenetrar el carácter misterioso de la flor simbólica. Su presencia deja constancia de la pureza inasible de la existencia y del lazo con el vacío y el endurecimiento mortales.

flores fugitivas de la espuma   (PS/10)
....
aleteo herido de azucena   (ID/83)
....
la flor de los labios   (PS/23)
....
en tus huesos florezco   (PS/26)
....
Rosa desvanecida sobre el túmulo
al germinar del tiempo derrumbada (ID/68)
....
cuando el jardín no sabe
si la flor es un sueño
o la esperanza presentida   (PS/23)
....

_____

(13) Garganigo, p. 243.

42

la flor más pura del silencio
inquebrantable muerte ya iniciada
en absoluto imperio de roca sin apoyo (PS/25)

En "Amor entre ruinas" los desnudos apasionados detienen el tiempo mientras asoman con precariedad al abismo como "una flor suspensa sobre el agua" (v. 2). Esta imagen amorosa, inmovilizada e inestable es apenas corpórea. La flor se desvanecerá en rastro de lo bello, "huella de la rosa" (v. 42), hasta perder su innata índole sensorial —blandura táctil, aroma, color. De igual modo, al desmayarse la pasión, el hombre perderá su sensibilidad correspondiente: "la herida que duele sin sentirse, / tal el invierno de una flor antigua / que no cediera forma ni color" (v. 95-97).

Flor efímera y agua perdurable se comunican en contrapunteo e interacción; la pasión brota de la nieve, la funde, e influye en sus mutaciones; pero el agua luego sellará el destino final de la flor (pasión). Esta es sinónimo de la mujer desnuda "recostada en nieve / semejante al retoño" (v. 112-113); la "flor que en la sábana deshiela" (v. 142). De la apasionada sensualidad perfumada de la flor sólo se conservará la corola mutilada del sueño: "el pétalo de aroma disecado" (v. 151).

Contracara de la evanescencia de la flor —pasión y deseo— el agua perenne representa la constancia de la muerte. Por lo tanto, la flor ejemplifica la existencia, la carne, la luz, la pureza, todo lo que se somete al devenir temporal, mientras que el agua de constante energía cinética perdura, de modo cíclico, por medio de sus varias máscaras. Rodea y devora al náufrago "como eterna marea que consume / el herido temor donde flotamos" (v. 11-12). Surge desde las entrañas del poeta como "trémulas olas palpitando" (v. 7) del amor, las cuales luego caen sobre la piel. De nuevo el deseo conlleva su propio fenecer mediante el movimiento ascendente / descendente y la substanciación húmeda. El ardor que se erige como espuma, disipándose en niebla por el aire, luego se solidifica y se precipita con pesadez fatal: "se desploma espesa / tal una ola funesta" (v. 40-41). Deslizándose sobre el cuerpo yerto, el agua lame al desnudo y participa de su enfriamiento y de su parálisis: la pasión adquiere sabor "a mar, ya congelada, / a íntimo sepulcro, / a lágrima rodando por el mármol" (v. 98-100).

43

De esa manera el agua y la flor se proliferan en imágenes que abarcan procesos de apariencia contradictoria, pero de relación osmótica puesto que los dos, agua y flor, conllevan la muerte: ésta como la pasión efímera, y aquélla como el lento perecer perenne. A veces las formas del agua se difuman o descienden diluidas o derrumbadas en espuma, niebla, lluvia, rocío, u olas; otras veces el agua afirma su naturaleza cíclica de eterna marea. La humedad mortífera cubre al hombre y lo descubre a la vez, cuando navega por la sangre como "amortajado río" (v. 145).

Oírse el cuerpo

Atento a su cuerpo, Chumacero, a veces, cierra los ojos, agudiza el sentido del olor y del tacto, y escucha el latido de su sangre. Nada existe fuera de lo sensorial, percibido, recordado, o soñado; le cuesta concebir al hombre como ideal o al alma incorpórea. En el poema "El hombre del tiempo", el poeta distingue entre dos vocablos "Nombre" y "hombre". La abstracción platónica del hombre, es decir, su *Nombre* con mayúscula, perdura; pero el *hombre*, escrito con minúscula, es mortal. Sólo Dios sabe si el alma habrá de disfrutar floreciente de la fe circundada de su palabra (ID/66-67). En el "Responso del peregrino", de su último libro, el poeta clama por la cristiana sepultura de la desolación y, a la vez, afirma la supremacía de la materia, aunque sea sólo el recuerdo o sueño de ella: "acaso / el reino de la dicha sólo sea / tocar, oír, oler, gustar y ver / el despeño de la esperanza" (PR/19-2).

A modo del sinécdoque, las partes del cuerpo padecen de los sentimientos de la psiquis. El miedo se aferra a labios y manos; el aliento y la voz agonizan; y el sueño solloza por la piel. El poeta se extiende dentro de su propia carne como en lecho fúnebre y desde una perspectiva reflexiva aun se deleita en observar su lento desangrar:

> me recuerdo en mis venas   (PS/24)
> ....
> Si acaso el ángel sigiloso
> abriera la ventana de mi sangre   (PS/18)

El oído y el sonido cobran importancia para el poeta pasivo quien escucha su pulso —"oigo la vida en mí" (PS/52. Su voz anuncia el dolor de la pasión y de la palabra efímera—" ...y oigo / que nuestro amor es agonía, / que escuches mi temor y mi palabra de humo" (PA/45). Persiste en recrear la imagen del deseo en palabras nacidas de su sueño. En "Amor entre ruinas", la voz del poeta se identifica con el cuerpo entero hasta reemplazarlo en los últimos versos. Cuando la pasión se desliza hacia el olvido, el hombre se inmoviliza, y pierde la capacidad de expresar su corporeidad. Su voz se deshace; tartamudea con incoherencia y deviene hueco que atrapa y refleja un sonido que no le pertenece:

> inmóvil mi desnudo
> tal un sonido amargo de sílabas desechas,
> y soy un balbuceo,
> un aroma caído entre tus piernas rocas:
> soy un eco.   (v. 170-174)

Esta estrecha relación concatenada entre boca y labios, el desplome de la voz hacia el vacío, y la ausencia del sonido apenas apresado en su presencia silenciosa por el cuerpo del poeta, ha sido una constante en la poesía de Chumacero desde su primer libro en poemas como "Anestesia final":

> la boca atropellada de silencios,
> como si labios húmedos
> cayeran en mi huella
> deletreando ausencia entre las manos.   (PS/21)

Tal como las imágenes claves, con rareza se aíslan las sensaciones unas de otras. Por lo general se realizan combinaciones inusitadas de correspondencias sinestésicas. Estas, a menudo, incorporan la noción de lo fugaz apenas perceptible, lo cual evoca el transcurrir del tiempo y la existencia perecedera. La reiteración del vocablo "lento" indica el ritmo de la marcha fúnebre, mientras apenas se discierne su paso como movimiento de leve conmoción, de aletazo de pluma o de temblor sutil: "trémulas", "temblorosa", "turbado". Por ejemplo, la pasión se consume con ardor y luz en llamas y luego se esfuma en tenues agitaciones y desmayadas sensaciones entre sus propias ruinas con rescoldo, humo y ceniza. Los verbos delatan una presencia apenas asible en versos repletos de imágenes desvanecidas y emanaciones difuminadas: húmedo aliento, vaho, gemidos, callado rumor, tacto apagado. La falta de color (14) es reemplazada por la oscuridad y sus matices intermedios de sombra, penumbra, y tinieblas.

Valiéndose de la agitación fugitiva, el poeta crea sintagmas de compenetración sinestésico-cinética: "alas y gemidos de silencioso aroma" (v. 5), "sabor precipitado en alas" (v. 46), "rumor del tacto" (v. 65). A veces lo que parece estar en trance de anularse, de repente cobra volumen, densidad, permanencia, y por lo tanto, pesadez existencial la cual intensifica el sentimiento del vacío, como la voz "bajo el silencio espeso de la almohada" (v. 89) o "la sombra sólida que contra el sueño lucha" (v. 165).

Estas antítesis demuestran la interdependencia descriptiva del verso chumaceriano. La experiencia vital se petrifica o se desvance, dejando su rastro y luego un vacío: exagerada presencia o ausencia, las dos formas de la insensibilidad. Por ejemplo, la espuma como sueño de la pasión afirma "su duro incendio congelado / y su lento sabor a mar" (v. 34-34); es decir, el deseo efímero y húmedo (ausencia) con gusto a mar (presencia) se inmoviliza (presencia) mediante la yuxtaposición de fuego y agua. Las características de los vocablos claves —incendio y mar— se contradicen y se compenetran como ya hemos señalado en nuestra discusión de la relación osmótica entre flor y agua.

El incansable continuar

Una temática que expresa el inevitable destino de la especie y el fallecimiento de su experiencia vital se desenvuelve en poemas de constante flujo. Los verbos, el ritmo, la encadenación sintagmática, las acumulaciones paralelas crean versos resbaladizos, complejos y enhebrados, especialmente en los dos primeros volúmenes de Chumacero. En el último libro, el título mismo, *Palabras en reposo*, señala la relativa e inusitada sencillez y la quietud del verso, hecho de sustantivos concretos, carente de la maraña laberíntica y cinética de su poesía anterior.

Ya hemos aludido a los temblores y rumores del movimiento apenas asible, al latido y al roce imperceptibles de lo efímero.

---

(14)   El color acercar las palabras aparece en un poema del último tomo, *Palabras en reposo*, "Los ojos verdes", y en el epígrafe de Mallarmé a "Amor entre ruinas", aunque *l'azur* se entiende en su acepción de "cielo".

Todo sentido y sensación, criatura y materia prima de la naturaleza están en visible movimiento. El traslado vertical es descrito por verbos reiterativos, ascendentes y descendentes: Ascender, subir, surgir, erguir, erigir / caer, desplomar, despeñar, precipitar, hundir, derrumbar, volcar, rodar, derribar, descender. "Sabe la espuma, hacia el aliento asciende" (v. 31). El proceso creador se expresa con los verbos nacer, germinar, madurar, aflorar, florecer, amanecer, aunque a veces, se refieren de modo antitético a imágenes mortíferas: "Ahora que en mi piel / un solo y único sollozo / germina lentamente, apagado, con un silencio de cadáver insepulto" (PS/25). En estos últimos versos se evidencia el vaivén característico de la poesía chumaceriana. Lo que se afirma en ascenso o nacimiento siempre termina por negarse en descenso o aniquilamiento: apagar, destrozar, devorar, consumir, destruir, derrotar, tronchar, deshacer. Lo que pretende excederse, traspasando los límites de la cristalina forma ensimismada, desbordándose, reventándose, rompiendo, brotando, quebrando, invadiendo, acaba por ser mutilado, dañado, inmovilizado como "canario herido" o "pájaro sin alas" o "cadáver mutilado", o se pierde arrojado, extraviado, naufragado. La pasión que descubre y desnuda al cuerpo concluye ahogándose, cubriéndose, anegándose, inundándose bajo la sábana acuosa de la muerte.

Puesto que los sintagmas telescópicos postergan el sujeto y el enfoque de la estrofa, por lo general, el ritmo es lento e implacable, como si fuera guiado por estos trozos extraviados en busca de un reposo momentáneo. Se acumulan los sintagmas encabezados con el mismo vocablo (no siempre a modo de anáfora); y hay metáforas paralelas que contribuyen a la prolongación de la serie de imágenes entrelazadas.

La reiteración es fundamental para crear el compás persistente y fatal que enula "el incansable continuar entre los hombres, / del dolor de la carne enamorados" (PS/14). Se repiten no sólo los símbolos y sus variantes, los verbos del movimiento, y otros vocablos claves del desasosiego existencial —soledad, desolación, agonía, dolor, silencio— sino también palabras que funcionan como ligazones entre múltiples sintagmas descriptivos, breves y subordinados unos a otros: de, en, con, a través, bajo, cuando, desde,

donde, hacia, sobre, etc., e incluso el participio pasado empleado
como adjetivo. En los siguientes versos, nótense la postergación
del eje del pasaje: el verbo *estás*.

Más allá *del* espacio de tu cuerpo,
de la inmovilidad que a tu desnudo oprime,
como un incendio en ruinas
a través de la lluvia contemplado,
tal un abierto cielo *sin* ángeles ni plumas,
sin ecos que respondan,
estás *como* la brisa,
tímida alondra de las alas rotas
clara, inmóvil, desvanecida,
mirando el angustiado movimiento,
el temblor sollozante de mis brazos;   (v. 116-126)

III

El microcosmos lírico de Alí Chumacero es su propia carne. A
través de sus sentimientos y sensaciones percibe un universo
medular como macrocosmos internalizado donde experimenta
en vivo los procesos de la naturaleza. Mientras que las criaturas
del mundo nacen y mueren insensibles a su destino fisiológico, el
poeta se siente atraído por el misterio de su mortalidad. La vida
breve de flor y ave se consume contra un trasfondo de renovación
perenne de la materia prima: aire y agua, capaces de mutaciones
cíclicas. Los componentes de la natura —los biológicos/transito-
rios y los ambientales/perdurables— pueblan la imaginería de
Chumacero. Rodean al hombre, lo penetran, lo habitan; y, por lo
tanto, el poeta se expresa mediante una identificación con ellos.
Su pasión se concibe como ola, espuma, ala, aire; su vida, flor; su
cuerpo, playa; y la muerte, río subterráneo.

Aunque su vocabulario es conscientemente tradicional y reite-
rativo, y por consiguiente dota el verso de una fatalidad obsesiva,
las combinaciones léxicas develan correspondencias sinestésicas y
antitéticas de índole exquisita. Las encadenaciones sintagmáticas
prolongan analogías complejas y suscitan una potencia cinética al
nivel estructural en consonancia con las metamorfosis y mutaciones simbólicas de la naturaleza.

Sirviéndose de símbolos consagrados por una tradición literaria —flor y agua— y de temas eternos —muerte, pasión y vida—,

Chumacero urde sus propios sistemas de interdependencias se-
mánticas, simbólicas y sintácticas, y mediante el proceso evoca, de
modo inextricable, el ciclo cerrado de la existencia humana. La
dinámica de este proceso puede representarse en forma espacial
con el siguiente esquema cuyos componentes sintetizan los ejes
fundamentales de la poesía de Alí Chumacero.

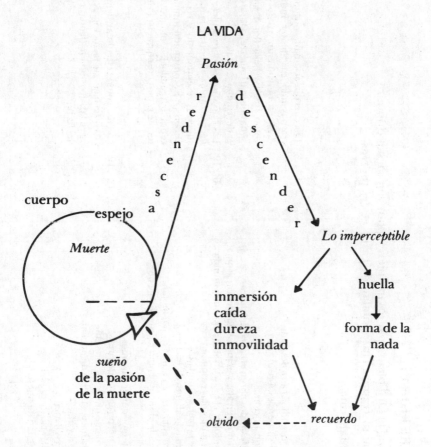

LA VIDA

Pasión

r   d
e   e
d   s
n   c
e   c
c   e
s   n
a   d
    e
    r

cuerpo

espejo

Muerte

Lo imperceptible

huella

inmersión
caída
dureza
inmovilidad

forma de la
nada

sueño
de la pasión
de la muerte

olvido ◄ - - - - - - *recuerdo*

49

AMOR ENTRE RUINAS

...Je goûterai le fard pleuré par tes paupières, pour voir s'il sait donner
au coeur que tu frappas l'insensibilité de l'azur et des pierres.

Stéphane Mallarmé

1

1. Como un incendio al aire desatado
2. o una flor suspensa sobre el agua,
3. en lenta consunción
4. nuestros desnudos abren el cauce del deseo
5. desbordándose en alas y gemidos de silencio aroma;
6. encienden sobre el tacto un suave mar que inunda
7. con sus trémulas olas palpitando
8. a través de la piel, acumuladas
9. bajo el húmedo aliento de los labios
10. y este duro anegarse en humo o en temblor
11. surgido desde el sueño, como eterna marea que
    consume
12. el herido temor donde flotamos.
13. Cerca mi cuerpo al tuyo dolorido,
14. círculo ardiente que a tu carne ciñe
15. volcándola hacia el vuelo de mi mano
16. al tacto deslizada,
17. ola, caricia o llama
18. sobre el silencio de tu piel,
19. en esta soledad de nuestro lecho.

1- 5 Los cuerpos se aman, consumiéndose lentamente y traspasando sus límites individuales, desbordándose en movimiento, ruido y olor, como fuego y como frágil y bella flor a salvo por momento del agua abismal (muerte). Durante la pasión, se detiene el derrumbe mortal.

6- 12 Las sensaciones sobre la piel encienden e inundan a los desnudos mientras la pasión surge desde el sueño (presentimiento y recuerdo) ya como duro ahogo en lo consumido (humo) y en lo apenas perceptible (temblor), como movimiento que continuamente repercute en nuestra vida de "herido temor".

13- 19 La ciñe como "círculo ardiente" (ritual religioso) y ella cae bajo su tacto fugaz, húmeda (ola), suave (caricia), apasionada (llama) en la soledad y silencio del lecho.

20. Pero entre el fuego al fin la carne es mar herido,
21. es caracol devuelto hacia la playa,
22. luz temblorosa que no asoma
23. su densa claridad sobre el abismo,
24. y como pluma, sólo ofrece bajo el aire
25. la impalpable tersura de su sombra
26. sin ser ya más incendio o pétalo, sueño o cauce
27. sino la roca misma y su dureza,
28. un lento ver la arena creciendo sobre el cuerpo
29. hasta sentir que la violencia es sólo yeso destrozado.
30. en la inmovilidad yacente del silencio.

2

31. Sube la espuma, hacia el aliento asciende
32. nacida de este sueño que en alas se desata,
33. hiriente, desolada, afirmando en los labios
34. su duro incendio congelado
35. y su lento sabor a mar que nos satura
36. con un turbado anhelo,
37. dejándonos tan solos con la noche,
38. tan íntimos en ella que su apagada imagen somos,
39. ya olvidado su ardor entre la niebla,
40. cuando ella se desploma espesa,
41. tal una ola funesta que rozara
42. con sus labios la huella de la rosa,
43. ahí donde los muslos trémulos, anhelantes
44. sueñan con el azogue más ciervo del espejo
45. y la huida del agua arrastrando una sombra.

20- 30 Pero la pasión deviene dureza e inmovilidad silenciosa. Mar y criatura dañados, claridad de la pasión ya perdida sobre el oscuro abismo de la vida (véase v. 1-5) —la carne vuelve a ser sólo sombra ligera (pluma). Carente de la pasión (incendio), de la belleza frágil y fragante (pétalo) y de la esperanza, la vida se pone dura (roca), un lento morir en que el hombre se da cuenta de que la instantánea epifanía no es más que el acto de romper la dura costra de su existencia congelada, pasiva y silenciosa.

31- 45 La pasión asciende húmeda y salada, ya apagada su fuego, cuando cae y toca el rastro de la vida con que sueñan los desnudos.

46. Como vino el túmulo o un sabor precipitado en alas,
47. te siento diluida entre los labios;
48. en la playa del cuerpo yergues tu aliento mudo;
49. sobre mis dedos, corres;
50. creces en mis cabellos, vivos tallos
51. que en ti murmuran una canción de brisa derrumbada,
52. y el tiempo se detiene en su carrera,
53. convertido en el témpano que al agua inmoviliza,
54. como largo silencio o paloma sin alas,
55. cuando tal una imperceptible ráfaga,
56. la más pequeña arena perdida entre las olas,
57. deslizada en tus venas
58. dejo la imagen de mi amor, cautiva
59. dentro, bajo el correr de tu desnudo.
60. Mas cuando sólo la caricia nos embriaga
61. te ciñes al cristal, vives la clara vida
62. de este limpio sonido que en mis oídos yace;
63. desnuda y silenciosa caes
64. con lentitud de aroma en la penumbra,
65. hecha rumor del tacto
66. bajo la sábana que como lluvia
67. transformada en rocío desciende sobre el pétalo
68. y nos erige, diáfanos,
69. ya para siempre espuma, aliento derrotado,
70. más rescoldo que cauce o alarido,
71. más ceniza que humo,
72. más sombra, más desnudos.

46- 59 Siente a la mujer diluida dentro de él donde crece en su cuerpo. El tiempo se detiene en su carrera (flor suspensa sobre el agua —véase v. 1-5) cuando él, como ráfaga apenas perceptible, la ama. En ella, deja su imagen del amor cautiva mientras que la amante huye con el tiempo.

60- 72 En la embriaguez de la caricia (tacto), la imagen de la amante se adhiere al cristal (forma inerte de la existencia) como limpio sonido (puro recuerdo). Y ella, como lluvia, cae, y es rocío sobre el pétalo (humedad que ahoga a la pasión). Ellos, como la pasión emergen transformados en lo efímero (espuma), lo destruido (aliento derrotado), lo consumido en progresión hacia lo incorpóreo (recoldo, ceniza, sombra).

3

73. ¿Desde cuándo, en qué espacio de silencio
74. miras, maduras, mueres?
75. ¿En qué oído reposa el eco,
76. la forma de tu voz quebrada bajo el labio?
77. ¿Dónde extraviaste el impalpable vaho
78. que de pronto rompía los silencios?
79. ¿Bajo cuál aire nace el tacto, esa lenta agua
80. que en su humedad delata la presencia invisible de la llama,
81. la huella mortecina de tu cuerpo?

82. Muere el deseo, mas el sueño en tu desnudo vive
83. invadiendo tu aliento con su niebla,
84. y es la profunda música oída entre tu rostro
85. o aflorando a la piel que te contiene.
86. Porque tu voz al fin fue derribada
87. bajo esta florecida calidez de mi aliento
88. deslizándose agónica, marchita
89. bajo el silencio espeso de la almohada.

73- 81 Dirige preguntas a la mujer en que cuestiona dónde está, dónde reposa el eco de su voz, dónde se ha extraviado su aliento (la describe por sus sentidos). Dónde está el tacto de ella que como lenta agua (muerte/vida) delata la pasión escondida (llama de presencia invisible), la que deviene rastro mortal de la carne.

82- 89 El deseo fallece pero el sueño de él persiste como sonido (música) que emana del cuerpo de la amada. La voz de ella (sinécdoque-cuerpo) fue derribada por la pasión y se deslizó agónica y marchita hacia el silencio sólido (presencia/ausencia).

90-103 La pasión (la mujer) se vuelve lánguida espuma hasta transformarse en sombra de lo que fue, pasión tronchada, después de haber destrozado la forma frágil y transparente de la vida que como cristal refleja al hombre ensimismado, carente del amor. Cuando muere la pasión, todo lo sensorial se anula y se aniquila, y el amor sabe a muerte (mar), inmóvil y frío (congelada, mármol). El hombre teme mirarle los ojos a la mujer porque en ellos se refleja la vuelta de él a la vida —su lenta muerte solitaria.

104-109 Aun después de la pasión, él la escucha. Ella agoniza, se congela, desaparece, fallece (noche-aguas). Sólo palpita desvanecida en el recuerdo.

110-115 La amante rompió la imagen del hombre contemplándose obsesivamente como narciso hechizado por el reflejo de su forma (espejo). La mujer renace y brota desde el seno de lo muerto (nieve, ceniza) en busca del latido de la existencia mutilada.

90.   Lánguida espuma,
91.   muda penumbra convertida en sombra.
92.   espesura tronchada cuando destrozas el cristal y muere
93.   y eres el inoído pulso hermano,
94.   el paralelo aroma que se apaga
95.   o la herida que duele sin sentirse,
96.   tal el invierno de una flor antigua
97.   que no cediera forma ni color;
98.   cuando sabes a amar, ya congelada,
99.   a íntimo sepulcro,
100. a lágrima rodando por el mármol
101. delatándolo todo con su paso,
102. y no miro a tus ojos
103. por temor de encontrarme asesinado.

4

104. Escucho más allá del lecho tu agonizante aliento
105. tan leve como un hielo olvidado en el frío,
106. opaco más aún que las pupilas náufragas
107. de quien advierte el decenso
108. hacia las aguas de la noche
109. y en la sombra palpita adormecido.
110. Eres la niña que rompió el espejo
111. destruyendo la imagen de mi aliento;
112. mujer desnuda y recostada en nieve,
113. semejante al retoño,
114. al corazón que ahonda en la ceniza
115. buscando vanamente su destrozada sístole.

54

116. Más allá del espacio de tu cuerpo,
117. de la inmovilidad que a tu desnudo oprime,
118. como un incendio en ruinas
119. a través de la lluvia contemplado,
120. tal un abierto cielo sin ángeles ni plumas
121. sin ecos que respondan,
122. estás como la brisa,
123. tímida alondra de las olas rotas
124. clara, inmóvil, desvanecida,
125. mirando el angustiado movimiento,
126. el temblor sollozante de mis brazos;
127. viendo cómo amanezco
128. inmerso en la humedad nacida de tu piel,
129. con el tacto apagado
130. entre el aroma espeso que nos ciñe,
131. nadando entre el desnudo y el decenso
132. bajo espumas de fuego,
133. en tanto un sueño grave, un miedo
134. que se adhiere a los cuerpos y a los labios
135. navega entre mis manos.

116-135 Ella está inmovilizada y mutilada (alondra de alas rotas), ligeramente desvanecida (brisa), gastada y consumida entre los escombros de la pasión —"incendio en ruinas". A través de la lluvia (humedecida por la muerte), él contempla a la mujer extenta de ruido (sin ecos) y de movimiento divino y natural (sin ángeles ni plumas). Ella percibe el temblor de la angustia del hombre y cómo él se despierta inmerso en la pasión de aroma húmedo, apagado, fugaz. El desciende como si nadara en los restos amorosos que se truecan en sueño. Consciente de la pérdida, siente el miedo de volver a la vida inerte, un miedo que se concretiza y se adhiere a la piel y a los labios, y traspasa las manos.

136. Ven a morar en mí, acércate a mi duelo
137. bajo mis brazos fatigados
138. y el callado rumor que nos desciñe
139. vuelca tu aliento estremecido
140. el dolido perfume de tu cuerpo,
141. desnuda, sola rosa aérea,
142. flor que en la sábana deshiela
143. mas no se rompe y sí naufraga
144. en la isla frutal de nuestro lecho.
145. Amortajado río,
146. Cómo deslizas y en penumbra duermes
147. dejando transparente el cuerpo
148. para después morir en las tinieblas;
149. cómo solloza por tu piel el sueño
150. hasta dejar en ti la roca,
151. el mar, la brisa, el pétalo de aroma disecado.

136-144   Exhorta a la mujer a morar dentro de él. En el fugaz momento apasionado, ella sobre fundir la existencia paralizada, sin destruirse, aunque naufraga como él.

145-151   La pasión —como la muerte— corre por el cuerpo, y luego lo abandona al sueño que deviene inmovilidad y dureza (roca), vasta muerte (mar), imperceptible frescura (brisa), pasión parecida (el pétalo de aroma disecado).

152-163   La mujer está oscura en el lecho, perdida entre las olas (muerte recurrente de la pasión). El ardor (aliento lucero) está destruido, agónico, después de haber incendiado la noche de la existencia como "gran árbol de luz". La pasión ahora quieta, él se siente triste y abandonado como náufrago a la orilla de ella.

164-174   El vive dentro de su cuerpo como presencia de la ausencia (sombra sólida) y lucha contra el sueño (el olvido de la experiencia misma). Agoniza como náufrago o ave preso: inmóvil su cuerpo, deshecha su palabra, incoherente su voz, evanescente su cuerpo —hueco que sólo refleja el sonido de otro.

152. Oscura estás, oscura
153. mujer tendida sobre el lecho, perdida entre tus olas
154. mientras descansa, agónico y destruido
155. el aliento lucero que incendiaba los aires
156. abriendo entre la noche un gran árbol de luz.
157. Ahora tu desnudo yerto está,
158. amortiguado bajo su agonía,
159. quieto como la noche y la tristeza de mis labios,
160. y tus brazos al fin cedidos,
161. derrumbados bajo mi cuerpo,
162. me dejan a tu orilla, solo
163. con soledad de pluma y abandono o río subterráneo.
164. Vivo bajo la piel
165. y soy la sombra sólida que contra el sueño lucha:
166. respiro inconsolado reposando
167. en tus labios los míos temblorosos,
168. agonizante entre tus manos
169. como náufrago o ala sin espacio,
170. dejando inmóvil mi desnudo
171. tal vez un sonido amargo de sílabas deshechas,
172. y soy un balbuceo,
173. un aroma caído entre tus piernas rocas:
174. soy un eco.

Marco Antonio Campos

LA POESÍA DE RUBÉN BONIFAZ NUÑO (1945-1971)

1945-1955

Del primer Bonifaz, es decir del Bonifaz de *La muerte del ángel* (1945), *Imágenes* (1953) y poemas no coleccionados (1954-1955), se puede decir en líneas generales lo que el joven Villaurrutia opinaba sobre Alfonso Reyes hacia el 1924: "Admirablemente dotado de cualidades líricas —cualidades que hasta en su prosa se muestran claras, hondas—, limitó primero sus inspiraciones en formas rigurosas, académicas, que, si no llenan nuestro gusto moderno, revelan dominio y maestría, conocimiento perfecto del oficio." No está de más añadir, que pese a explicables limitaciones primeras, Bonifaz impetraba cuchilladas profundas, versos conmovedores, una mayor elevación, amén de un más seguro manejo de los recursos métricos, que don Alfonso. Por eso resulta importante para el crítico o el lector de Bonifaz que éste incorpore poemas no coleccionados, porque ilustran, en casos, no sólo sus obsesiones temáticas, sino lecturas y ejercicios estilísticos. Hay en *Imágenes*, por modelo, una sección denominada "Estudios", donde hallamos la traducción de una oda de Horacio, sonetos a la sulamita que alcanzan el tono (sobre todo el tercero del *Cantar de los cantares*, Liras y hasta una Poética. Hay, entre otros, versos en esta última que podríamos ofrecer como síntesis aproximada de su búsqueda de la bella forma y la voz triste o dolida que puebla buena parte de su obra:

> No de tal modo la palabra y el pénsamiento
> sino en sí mismos forma y vida.

Insisto que es importante porque observamos cómo el joven Bonifaz se iba formando, y como si reveláramos un rollo fotográfico, cuáles eran algunas de sus lecturas, qué formas trabajaba, qué temas le perseguían. Y si se me permite esta conclusión creo que ningún poeta mexicano de este siglo ha estudiado y adaptado lecturas clásicas como Bonifaz: la Biblia, autores griegos y latinos, poetas toscanos y prehispánicos, Quevedo y Garcilaso, Rilke y Vallejo. La gran sombra, o mejor, la gran iluminación en los diez años primeros de Bonifaz (en casi toda su obra) es la mujer. Surge en todas partes y en todas partes da el golpe de la tristeza, del dolor: es presencia, recuerdo, nostalgia, pretexto para la reflexión: el sol. Es un fulgor por quien y para quien el enamorado puede pedir apoyo celestial, y donde la mujer resulta el más bello árbol del paraíso en esta tierra:

> Que Dios sea contigo.
> Que permita que vivas como eres,
> que mi amor no te duela,
> y que sea siempre esperado
> el fruto de tu vientre.

Ahora bien, la estatua que alza Bonifaz no sólo es para la amada, sino también para otras que pueden ser la mujer ideal o mujeres de la literatura u otras terrenales: Mariana, Betina, Eloísa, Eurídice, Teresa, Julia, Georgette. Él mismo escribió que tenía el orgullo simple de "haber sido siempre un amador de las mujeres", y acaso hubiera querido concluir como Propercio que la naturaleza le dio a todos su vicio, y que el de él fue amar siempre.

Bonifaz Nuño, como sus amados poetas latinos (Catulo, Horacio, Propercio, Marcial), como tantos que lo han firmado, grabó la vanidosa sentencia del *no moriré del todo*: por medio de la belleza de sus versos que cantan la belleza de la mujer, perdurará:

> No he de morirme todo. Me has dejado
> decir de tu presencia, me aseguras,
> por eso, el no morir.

Otro aspecto característico de la obra de Bonifaz es la introducción de aniversarios, temas y situaciones mexicanos. Esto lo vemos en *Imágenes* ("Motivos del 2 de noviembre") en *Los demonios y los días* y en poemas donde rescata el salón de baile, ciertos giros verbales, afirmaciones viriles.

El primer libro importante de Rubén Bonifaz Nuño, el primer libro donde *se descubre*, es *Los demonios y los días*. Aquí Bonifaz ha trabajado y dominado el tono y el lenguaje conversacionales, y encontrado, si no el canto nuevo, sí *su canto nuevo*.

De lo que me parece más estimable en este volumen es el difícil tejido de reflexión y ritmo. Me explico. El pensamiento reflexivo presenta menos complicaciones cuando se desarrolla en prosa, porque el ritmo de ésta es menos estricto que el de la poesía: en cambio, en la poesía, las sujeciones del metro o ritmo particular que se está llevando en el verso libre dificultan considerablemente esa fúlgida unión. Leamos tres estrofas del poema 10 donde Bonifaz lo consigue meritoriamente sin sacrificar la emoción:

> Amargo es perder un amigo,
> o desde una esquina en la noche
> mirar alejarse a la mujer que nos deja.
> Pero se tolera bien, se soporta.
>
> Es horrible, es ávido sin remedio
> el terror que salta de repente
> los huesos, congela nuestras entrañas,
> cuando nos ocupa el pensamiento
> de que han de morir, antes que nosotros,
> aquellos que más hemos querido.
>
> Sus gestos, sus dulces ademanes,
> la ternura suya, se van guardando
> en alguna parte en que no hay olvido;
> una vez saldrán, fatalmente,
> vueltos ya gemidos mansos, heridas,
> angustioso nudo que se desata
> y que al desatarse nos anuda:
> nos despierta inválidos para siempre
> llenos del amor que no dimos.

No se necesita ser arduo conocedor para saber que la poesía tiene una carga irracional harto más amplia que la prosa; que el momento de la escritura, que la más o menos rápida escritura en el primer trazo, llevan al poeta a decir cosas que él no imaginaba que serían *ésas* precisamente. Por eso cuando el poeta ha adensado y condensado su verso, cuando se ha observado y observado el desarrollo del texto, los resultados suelen ser más *aquello* que quería decir. Es la batalla a sangre y fuego con el lenguaje: acicarlo, medirlo, equilibrarlo. Cosas que se quieren decir y de pronto un fulgor en los abismos del alma da palabras distintas, espléndidas.

Otro rasgo de la poesía de Bonifaz que encontramos principalmente en *Los demonios y los días* y en *Fuego de pobres* (1961) es que por su verso —como en Whitman, como en cierto Neruda— hablan ya *los otros*, los hombres, si bien él se reconocerá con los pobres. Por ello mismo, por su pobreza que a veces lo humilla, Bonifaz busca contemplarse en el espejo de los desheredados, y darles su canto, su *fuego*. De ahí también su subterráneo aprecio —amén de ciertos ecos— por la poesía de Vallejo, que otra vez la palabra *fraternidad* vuelta a tener su sabor original y único. El poeta departe y comparte en la mesa de todos:

> Sólo es verdadero lo que hacemos
> para compartirnos con los otros,
> para construir un sitio habitable
> por hombres.

Entonces es ilustre el albañil y benemérito el soldado y aun el enemigo es hermano. Por eso Bonifaz ha encontrado como "el héroe a la altura del arte" a Bolívar, y en su canto a éste (1958) rinde homenaje al hombre "que no quiso nunca descender hasta a un trono", que fundó cinco repúblicas, que buscó imponer la libertad para los hombres, el héroe que representa la antítesis solar de tiranuelos y mercaderes oscuros. Pero también, más de una vez, el dolor, el resentimiento, la humillación, el desprecio, pueden dañar el lingote de fuego de la fraternidad:

> Pero pocos son los que han visto
> lo que se trasluce en el paso
> normal de las gentes; lo que habita
> más allá de faldas y pantalones,
> y que esculpe en todos la ineficacia completa
> de un ratón con piojos que se rasca.

Desde *Los demonios y los días* Bonifaz descubre a la ciudad y por ella camina y a ella le canta: barrios, calles, escuelas, universidades, cines, oficinas públicas, y entre las bellezas atroces del mundo urbano, amigos, compañeros, y sobre todo, el resplandor: la amada. Hay asimismo en *Fuego de pobres* rasgos que no hallo antes en la poesía de Bonifaz. El primero, es un tono contenidamente violento que sentimos en los primeros poemas; el segundo, algunas brillantes adecuaciones de la poesía náhuatl, sobre todo de los *ionocuicatl* (cantos de angustia) que reflejan con mayor fidelidad y vehemencia el drama humano: el correr del tiempo, la fragilidad de la vida, el estar arrojados en la tierra, la cruel evidencia de la muerte, el tercero es que su verso es más seguro y hay pasajes que encadenan ya hacia el verso más difícil y afinado que encontramos a partir de su siguiente libro.

1965-1971

Es posible que con *Siete de espadas* (1966) los lectores de Rubén Bonifaz Nuño empezaran a disminuir, lo que, por demás, no es preocupante ni menos lamentable. Nadie tiene la obligación de ser fiel a sus lectores y muchas veces ni a sí mismo. "La minoría —decía Valéry— no se avergüenza de ser minoría." En este libro Bonifaz se vuelve más barroco, más sugerente, recurre más a la alusión, amén de urdir imágenes espléndidas y giros sorpresivos en varios de los versos finales de los cuarenta y tres poemas de siete versos que componen este apretado y riguroso libro. "Poema de roca abierta y mujer cerrada" —lo llama García Ponce. Siete versos: siete espadas: el libro puede ser un documento poético o un juego de cartas, un juego de cartas poético. Como hay versos buenos y malos, hay cartas buenas y malas, y aun para jugar bien, para ganar, pueden servir las cartas malas. Es uno de los mejores libros de un poeta que tuvo la virtud de escribir regularmente buenos libros, y donde busca, más que nombrar las cosas, ir más allá de las cosas. La espada física del lenguaje que intenta penetrar los espacios que no están al alcance del lenguaje buscando nuevos transportes del alma.

Tres años después Bonifaz publica *El ala del tigre*, nueva muestra de rigor, compuesto de ochenta y cuatro poemas, con tres estrofas de seis versos en cada poema. Aquí Bonifaz retoma, principalmente, dos de sus temas más obstinados (de otro modo lo mismo): el amor y la fraternidad —si bien esta última se ve empeñada por los sucesos sombríos y sangrientos del 1968. La mano del poeta va por la mano del caído, no del victimario. En el último *fuego* —la última consolación— para los que no han sabido la causa de su muerte, "los ametrallados sin saberlo":

> y por encima
> alguien se ríe y alguien calla:
> No sé quien me manda a que me maten.

Se opaca el amor en oficinas, en calles, se quema de nuevo la primavera, mientras el victimario "en paz, solemne", es sólo un asno que "gime condecorado". Quizá el mejor poema de esta suerte del amplio poema que es *El ala del tigre* sea el 52, donde dialoga con amigos imaginarios sobre el regreso.

El amor, en este libro, es un sentimiento más estabilizado, y aun aquí Bonifaz, podríamos decir, corrige la visión hondamente religiosa que poblaba los primeros poemas, y aun llega en un bello momento a la profanación:

> Sin desvertirte, estás desnuda.
> Y creo, muriendo, en la divina
> carne, y en la luz resucitada.

La mujer se desnuda y es amada con alegría y ternura, aunque el amor y el placer sean frágiles y la belleza tarde o temprano vaya a ser despoblada por el implacable paso del tiempo y la llegada de la muerte.

En 1971 Bonifaz publica lo que es hasta ahora su última entrega: *La flama en el espejo*. Es su libro más difícil y bello, y uno de los libros indispensables de la poesía mexicana. Nueve años después de su primera edición sigue siendo un espejo múltiple, fúlgido. Es una poesía que por su bella exaltación nos emociona antes de desentrañarla, y que, como fuego, reparte imágenes e incendia la imaginación. Es donde se alía la sabiduría técnica de Bonifaz con la pasión amorosa: tiene las armas a su alcance sin haber perdido —quizá: ganado— la fuerza y gracia de juventud. Un libro sabiamente joven; una lúcida exaltación.

No digo que este espejo abstracto sea, por su misma dificultad, una maravilla, sino que a pesar y más allá de la dificultad encuentra su maravilla. Libro que, por demás, es arduo hallarle antecedentes notables en nuestra poesía, salvo acaso, y de otro modo, "Primero sueño" y "Muerte sin fin". Tengo que volverme hacia la poesía italiana y relacionar con tres poetas de magistral abstracción: Cardarelli, Montale y Luzi. Poesía de amplias sugerencias, de tréboles inalcanzables, de viva elocuencia que no dudaría en llamar religiosa, y que nos muestra que los deslumbramientos de la sensibilidad y la imaginación encuentran a veces muros infranqueables con el deslindamiento intelectual.

Pero *La flama en el espejo* es también un gran poema de amor, y la mujer —nueva Beatriz— es iluminada con cadenas de imágenes llameantes (el poema parecer ser un solo e intenso resplandor) e hipérboles que la definen idealmente. La mujer es todo: el cielo y la tierra, la gracia y la sabiduría, la luz y el abismo. Bonifaz, como su amado Propercio, le diría también quizá a un amigo que escribiera como epitafio en el corazón de su tumba: "Para este triste el hado fue una muchacha dura."

Max Parra

JAIME GARCÍA TERRÉS:
HACIA EL COLOQUIALISMO FORMAL

Los poetas mexicanos que empiezan a escribir en una vena cultista en los años 50 —y aún los 60—, son continuadores de una larga tradición intelectualista que se remonta Sor Juana y que, en el siglo XX, como reacción de élite ante la decepcionante realidad nacional, se vuelve marcadamente de minorías y para minorías (con *Contemporáneos*). Muy pronto, sin embargo, estos poetas tienen que enfrentarse a una realidad sin precedentes, decisiva y desbordante, que tiende a menoscabar esta tradición: el advenimiento de la cultura de masas. Ante la nueva realidad cultural que este fenómeno representa, la tendencia por la poesía cultista empieza a resentirse y a replegarse, pues es manifiesta —a pesar de su prestigio y asociación con la Alta Cultura— de una expresión no sólo ajena a la vida nacional, sino incongruente con la presencia contundente y definitiva de la sociedad de consumo. Esto obliga a los jóvenes poetas a modificar o endurecer sus posturas originales.

La producción poética de Jaime García Terrés expresa esta encrucijada histórico-cultural y puede dividirse, dentro de esta perspectiva, en dos grandes momentos. El primero sería la obra que ocupa la década del 50 y el principio de los 60 —*Las provincias del aire* (1956) y *Los reinos combatientes* (1961)—, heredera y continuadora directa de un tradición cultista "que no representaba sino se oponía a la realidad del país" (1). El segundo introduce, de

---

(1)   José Joaquín Blanco, *Crónica de la poesía mexicana*, 3a. ed., Editorial Katún, México, 1981, p. 230.

manera cada vez contundente, la preocupación por la realidad inmediata y la recreación de temas históricos, la noción de vida como juego, en un movimiento oscilante y no exento de ambigüedad. A este periodo pertenecen *Todo lo demás por decir* (1971) y *Corre la voz* (1980) (2).

Desde su primer libro, *Las provincias del aire*, García Terrés define su ubicación como poeta ante la realidad, y se decide —siguiendo una actitud que fuera dogma entre algunos de los *Contemporáneos*— por el repliegue lúcido ante la realidad externa. El resultado es una poesía para minorías, regida por el rigor intelectual y la voluntad de cultivar una visión íntima. En ella el poeta no canta: reflexiona o se confiesa. No gasta palabras, las ahorra, obligándose al través de esta economía no sólo a depurar sus versos, sino a *aclararse*, es decir, a ver claro —precisar— sus propias motivaciones; en este sentido, es significativo que el único poema burlesco del libro sea precisamente sobre la palabra vana y gratuita ("El caballero charlatán"). Detrás de este prurito verbal descansa toda una ética de trabajo: "la gente —escribe García Tellés— ha llegado a desconfiar de la palabra, confundiendo la exactitud esencial del verbo con la manida simulación oratoria impuesta por nuestros espurios sistemas cívicos." (3) Ante la palabra declamatoria y hueca, la palabra íntima y restauradora. Entendido el oficio de la escritura así, la función social del poeta será de "lucha contra el absorbente y monótono palabrerío ambiental" (4), y su objetivo último, dada su orientación esencialista, el de aspirar a ese silencio original que es espejo de lo Absoluto.

¿Cuáles son los temas del poeta? Aquellos que responden al deseo de recuperar un mundo perdido que sólo podemos intuir, mundo que presupone la caída del hombre y que revierte, por tanto, en una vida errática y fantasmal, entre tinieblas:

---

(2) Las ediciones consultadas para este trabajo son: Jaime García Terrés, *Las provincias del aire*, 1a. ed., Letras mexicanas, FCE, México, 1956; *Los reinos combatientes*, 1a. ed., Letras mexicanas, FCE, México, 1961; *Todo lo demás por decir*, 1a. ed., Joaquín Mortiz, México, 1971; *Corre la voz*, 1a. ed., Joaquín Mortiz, México, 1980.

(3) Jaime García Terrés, *La feria de los días*, 1a. ed., UNAM, 1961, p. 181.

(4) Carlos Monsiváis, *La poesía mexicana del siglo XX*, 1a. ed., Empresas Editoriales, México, 1966, p. 63.

Íbamos paso a paso. Compartiendo
los rumores del parque.
Y cada uno de nosotros era
un puñado de sombra
labrada por señuelos encendidos.

La vida como sombra. En el contexto de una situación cotidiana, los tres últimos versos del poema nos remiten, casi literalmente, a la alegoría de la caverna: la vida concebida como irrealidad, reflejo de otra realidad —ideal— que es la que el poeta añora
y quisiera abarcar. Esta concepción platónica aparece una y otra
vez en la primera poesía de García Terrés y se manifiesta, principalmente, en el uso del fuego como símbolo de lo Vital; de la
reminiscencia como forma del conocimiento profundo; de la
sombra como figura que obstruye o ilumina otra realidad. De ahí
también que en *Las provincias del aire* abundan poemas donde se
reitera la imposibilidad de expresar realidades esenciales:

Es en vano.
La ceniza retira, sin mudarse,
la gracia generosa de la llama.

Que la resignación ("Es en vano") sea el punto de partida de la
labor poética (porque el conocimiento absoluto es inasible) es
claro indicador de la posición ontológica del poeta; pero a otro
nivel, estas líneas son también una reflexión sobre la poesía. En
efecto, "la ceniza" puede leerse como el poema, el texto fijo ("sin
mudarse") que es sólo residuo de una realidad luminosa y cambiante ("la llama"). En otro lugar leemos:

Ah, palabras.
Linaje desesperado,
consumiéndose.
He aquí los restos.

La lucha heroica (obsérvese el tono sublime) con las palabras es
el oficio del poeta. ¿Qué queda de esta batalla? "Palabras-restos"
que sólo pueden afirmar —si bien de múltiples maneras— una
carencia esencial; de ahí que el poeta afirme que "es en vano".
Esta conciencia de los límites de las palabras —despojos de una
presencia vital— conducen a García Terrés a desarrollar una
estética del desengaño, con preferencia por "la experiencia de las

cosas pequeñas (...) lo cotidiano" (5), en donde la modesta y morosa mirada del poeta satura a las cosas de una de irrealidad que a su vez viene a confirmar el desencanto que lo inspira. Casi un arte poética de esta perspectiva es "El hermano menor".

Era un pobre fruto
caído de tu mano débilmente.
El más humilde
entre todas las estrellas olvidadas.
El más opaco.
No tenía, por ejemplo,
la especial redondez de la naranja
ni el profundo sabor de la manzana.
Su delgada presencia no escondía
cálidas tempestades
ni cercanas promesas de árboles frondosos.
Sus frágiles muros
apresaban apenas invisibles caminos,
esquivos como el aire del alba,
y vagas semillas y un poco
de rocío. Y de su centro
manaba un silencio tan dócil,
tan pequeño, que cabía sin esfuerzo
en el hueco de un ala de pájaro.
Era, en suma, pobre,
tranquilo. Todo en él relucía
cotidiana penumbra.
Era sólo
el hermano menor de tu mirada,
la sombra de tu sombra.
Casi nada.

El desplazamiento de la mirada hacia las cosas insignificantes, la ausencia de plenitud que se transmite vía la descripción por oposición ("No tenía, por ejemplo") y por acumulación de adjetivos ("pobre", "débilmente", "opaco", "frágiles", "dócil", "tranquilo", etc.) surten un efecto de azoro y agotamiento. El lento desvanecimiento de las cosas —disolución que, paradójicamente, es proceso creativo— sólo deja en pie un estado anímico de vacío y desaliento que deviene visión del mundo. Esta visión dominará tanto en los poemas que insinúan dramas agobiantes a partir de situaciones cotidianas ("La calle") o anécdotas infantiles ("La

_____
(5) Ibid., p. 65.

bruja"), como en aquellos donde se reconstruyen vivencias y recuerdos que, previsiblemente, dejan en el espíritu una estela de nostálgico vacío (en "Los cinco sentidos").

Los reinos combatientes, a pesar de sus muchas diferencias, entra dentro la órbita poética de *Las provincias del aire*. Libro de transición entre su primera época y su obra madura, anuncia ya la multiplicidad de voces poéticas que conformarán *Todo lo demás por decir* y *Corre la voz*. Registra una mayor riqueza temática —alusiones bíblicas, asuntos clásicos y las traducciones que, a partir de ahora, estarán siempre presentes en sus libros. Se inicia la "salida" de ese estupor que significa la incapacidad expresiva y con él disminuye, aunque nunca desaparece, el tono apesadumbrado y fatalista de su primer libro, y se hace sentir la presencia de uno de exaltación ("Letanías profanas", "La fuente oscura"). Persisten, sin embargo —con variaciones mínimas, pero significativas— las mismas preocupaciones:

> Las palabras que dije, las coplas que medí,
> verdades fueron un instante,
> después nada.
> Testimonio caduco, mantienen su postura,
> perpetuas en su gesto momentáneo,
> cual momias de convento.
> A la vez concebidas, muertas, embalsamadas,
> por este sueño mío, vagabundo.

Más que una simple resignación, hay aquí un leve distanciamiento que permite que el tratamiento del problema creativo sea, además, un juego de la imaginación ("este sueño mío, vagabundo"). Este distanciamiento, curiosamente, acerca al poeta a la nitidez del detalle y lo aleja de la bruma desoladora que caracteriza su primer libro. Su melancolía de fondo ha sido controlada y ahora puede perfilar, matizar mejor sus inquietudes espirituales, sin necesidad de caer en el bulto de la queja totalizante.

Tanto *Todo lo demás por decir* como en *Corre la voz* marcan un "descenso" hacia temas más inmediatos, con los que se diversifica y enriquece la voz poética. Las varias secciones de ambos libros van registrando hechos antiguos y modernos, verdaderos e imaginarios, obsesiones (la "otredad" reveladora), versiones de poetas de épocas remotas o recientes, que unidos por la noción del juego o la certidumbre de la fatalidad, conforman una muestra de las preferencias y procedimientos de García Terrés. Casi por norma, el endecasílabo es el principio ordenador de esta poesía, medida recurrente y centro de gravedad del ritmo, a partir del cual se extiende o se acorta el verso siguiendo un molde —el del soneto clásico— que se toma como base y con el que se rompe, sin abandonar del todo el tono cadencioso de Garcilaso y Góngora (véase, por ejemplo, el poema: "Si los húmedos ojos consiguieran"). El resultado de este ejercicio, aunado al cambio de perspectivas y la alternancia de formas cultas y coloquiales, puede ser espléndido ("Pides que me levante. No podré"); pero a la par con este dominio y juego poético, se hallan notas discordantes y rezagadas, como "Carne de Dios", en donde la descripción del "vértigo poético" resulta un rosario de lugares comunes. Que un poeta cuyas características son el control y la mesura, se "suelte" siguiendo conscientemente una vieja tradición romántica, no deja de ser revelador:

> "Allá en las honduras, fuera de la estrechez temporal y
> conceptual, trascendidos los teoremas y los relojes,
> corroídas las supersticiones de la sedicente vigilia,
> se me impuso el prodigio de una realidad jamás prevista,
> que las brumas habituales encubren y condenan." (6)

La noción de poeta visionario, el aire de poeta maldito, es discutible en García Terrés no tanto porque en su "trance delirante" jamás pierda conciencia de lo que está diciendo, sino por lo que tiene de acto reflejo y mimético esta escritura, por el deseo de inscribirse convenientemente en una gran tradición y de aceptar una imagen mitificada —privilegiada— del poeta mismo, sin cuestionarla.

Mención aparte merecen sus versiones de otros poetas. Dentro de esta línea, importa subrayar la manera como García Terrés reconoce en ellos sus propias preocupaciones y actitudes, como los integra a su quehacer poético, como se apropia de ellos. Es significativo, por ejemplo, que el único poema de Kaváfis que aparece en el libro —"Itaca"— no sea representativo de la gran

---

(6) En *Todo lo demás por decir*, p. 132.

sensualidad del poeta griego (el erotismo es el gran ausente en la obra de García Terrés), sino de motivos propios del poeta mexicano:

> Al emprender el viaje rumbo a Itaca
> ruega que largo sea tu camino
> lleno de peripecias y lecciones.
> No te causen temor lestrigones ni cíclopes
> ni el iracundo Poseidón;
> que no los hallarás en tu jornada
> si enhiesto conservas el pensar, si nobles emociones
> abordan el espíritu y el cuerpo.
> No toparás con cíclopes ni lestrigones
> ni con el agrio Poseidón
> si no los llevas dentro, si tu alma
> no los erige frente a ti.

Aunque distinto en estilo, una mirada afín a la de García Terrés se trasluce en estos versos: allí está la antigüedad clásica como fuente y lección permanente, la importancia de explorar otros mundos y el espíritu de aventura, la necesidad de fortaleza espiritual, el rechazo del miedo.

No obstante los innegables aciertos en su realización, estos dos últimos libros, sin duda los mejores de García Terrés, presentan un aspecto problemático que ya ha sido señalado por José Miguel Oviedo: "(...) por un lado, tenemos una tendencia a establecer estructuras rítmicas muy ceñidas y precisas, las de un formalista sobre todo interesado en el timbre y la cualidad musical de las palabras; por otro, contradiciéndolo, está la voz coloquial y prosaica, apegada a formas mas bien ásperas y orales" (7). Entre un prosaísmo que refleje los vaivénes de la sociedad moderna, con todas sus contingencias, y una herencia cultista que propone el aislamiento intelectual, la sublimación del instante, García Terrés opta por un camino intermedio que expresa una vacilación que él mismo no trata de ocultar. Por un lado, la solemnidad trascendente de su primer libro ha quedado atrás, pero —como hemos señalado— nunca desaparece del todo. Por el otro, integra la vida de la sociedad de masas con sus penurias cotidianas a su repertorio poético, pero en general, a pesar del coloquialismo y aun

---

(7) José Miguel Oviedo, "Corre la voz", en *Vuelta*, 50, enero, 1981, p. 31.

cuando la voluntad de autocrítica y el juego disimulen este hecho, la perspectiva es siempre la del hombre que mira desde arriba esa realidad. De ahí que su obra sea representativa de una disyuntiva que no ha resuelto, y de las alternativas y posiciones que pueden adoptarse ante ella.

Lourdes Rojas

LA INDAGACIÓN DESMITIFICADORA EN LA POESÍA DE ROSARIO CASTELLANOS

Los últimos poemas de Rosario Castellanos* sin dejar de partipar totalmente de esa su "rotunda austeridad" (tan presente en su lírica como en su narrativa), si evidencian una renovación de tema y de enfoque, preludio de lo que parecía ser una nueva dirección en su creación poética y literaria. (1)

Este conjunto de poemas que a Jaime Labastida le recuerdan la poesía inglesa, "por cierto aspecto coloquial, grácil y fino," (2) los califica José Emilio Pacheco de "vivos, polémicos, novedosos e iniciadores de un nuevo proceso." (3) Y es precisamente desde este ángulo que nos proponemos acercanos a esta parte de la obra poética de Rosario Castellanos.

---

* Nos referimos a las secciones de "En la tierra de en medio," "Diálogo con los hombres mas honrados," "Otros poemas" y "Viaje redondo." De la página 280 a 330, de la 2da. edición de *Poesía no eres tú*, Fondo de Cultura Económica, México, 1975. Todos los poemas citados en el presente trabajo son de esta edición.

(1) La frase la acuña José Emilio Pacheco en "Rosario Castellanos o la rotunda austeridad de la poesía," *Vida Literaria*, vol. 30, 1972, pp. 8-11. Anteriormente Mario Benedetti había aludido a la "actitud austera" de Rosario Castellanos en su artículo "Rosario Castellanos e incomunicación racial," *Letras del continente mestizo*, Area Montevideo, 1970, p. 176. Estos elementos renovadores encontrarán un mayor desarrollo en su obra de publicación póstuma, la farsa de *El eterno femenino*, Fondo de Cultura Económica, México, 1975.

(2) Jaime Labastida, *El amor, el sueño y la muerte en la poesía mexicana*, Novaro, México, 1973, p. 40.

(3) Pacheco, p. 11.

Son varios los caminos por los que se adentra Castellanos en esta etapa, pero sólo nos detendremos en uno de ellos, donde explora la problemática de la mujer. Este tema, si bien constante en su producción literaria anterior, ahora se renueva bajo una perspectiva diferente. Se trata de reflexionar sobre el comportamiento amoroso de la mujer, a través de un proceso de indagación desmitificadora.

En el prólogo a *El eterno femenino*, Raúl Ortiz apunta que este argumentar racionalmente sobre el aspecto femenino es elemento constante en la lírica de Castellanos (4). Lo novedoso, añadimos, es su tratamiento —el desenmascaramiento de los mitos, el rechazo de las falsas imágenes y la búsqueda del verdadero modo de ser de la mujer— en el proceso de la creación poética.

En su tesis doctoral *Sobre cultura femenina*, Castellanos le propone a la mujer escritora, que ejerza su labor buceando en las honduras de su propio ser; rechazando las imágenes convencionales para que forme su imagen propia. Imagen ésta, que surgirá del contacto con "su verdadera, su hasta ahora inviolada raíz," que ella (la mujer creadora) hará emerger a la superficie y libertará en su expresión. (5)

En "La mujer y su imagen," Castellanos insiste nuevamente en esta búsqueda, que es una destrucción y una re-creación: hay que destruir "las falsas imágenes que los falsos espejos ofrecen a la mujer," y que le impiden conocerse a sí misma. (6). Después de lo cual, la mujer ha de reconstruir una imagen propia, formar conciencia crítica y sobre todo, "no aceptar ningún dogma hasta ver si es capaz de resistir un buen chiste." (7)

Trata de mostrar lúcidamente en sus últimos poemas, la contradicción inherente en la situación de la mujer. Lo cual, al decir

_____

(4) Raúl Ortiz, "Presentación," *El eterno femenino*, p. 10.

(5) Rosario Castellanos, *Sobre cultura femenina*, Ediciones de "América," México, 1950, p. 97.

(6) Rosario Castellanos, *Mujer que sabe latín...*, SepSetentas, México, 1973, p. 20.

(7) *Ibid*, p. 40.

de Castellanos, "es poner en evidencia lo que las costumbres tienen de ridículas, de obsoletas, de cursis y de imbéciles." (8)

En una entrevista, comentando Castellanos su interés en el tema de la mujer en general, sostenía que "ser mujer en México, es un problema", de ahí la necesidad de planteárselo en forma lúcida para encontrarle solución. Y la forma de hacerlo, añadía, es poner en crisis esos mitos sobre la femineidad con que vivimos, examinarlos y ver como son absolutamente inaplicables a la realidad. (9)

Las declaraciones anteriores sobre la mujer, que la autora explicitara en repetidas ocasiones, resumen a grandes rasgos su postura personalísima sobre el particular. Esta preocupación permea su creación artística tanto en la narrativa como en la lírica. Sin embargo, aclaramos con Rosario Castellanos, esto no quiere decir que ella sea "feminista en el sentido cursi de la palabra." (10)

Castellanos se propone la tarea de "arrojar a los mitos fuera de sus nichos y exhibir los pies de barro de los ídolos." (11) Esta es labor ardua y liberadora. Ardua en lo que exige: reconocer el mito y desenmascararlo; y liberadora en lo que aporta de verdad, de lucidez. (12)

A lo largo de la historia, señala Castellanos, la mujer ha sido fundamentalmente un mito. Este proceso mitificador (en el que ha sido víctima y cómplice) nos ha dado imágenes falsas de la mujer, que impiden la contemplación libre y directa de ese ser

---

(8)   *Ibid*, p. 39.

(9)   María Luisa Cresta de Leguizamon, "En recurdo de Rosario Castellanos," *La palabra y el hombre: Revista de la Universidad Veracruzana*, No. 19, 1976, p. 8.

(10) *Ibid*.

(11) María del Carmen Milla, "Tres escritoras mexicanas del siglo XX," *Cuadernos americanos*, Sept.-Oct., 1975, vol. 202, No. 5, p. 179.

(12) Barrows Durham señala que el mito está en desacuerdo con los hechos, que asume el absurdo o lo implica, y que o impide la acción hacia la consecución de un mundo mejor o estimula la acción hacia uno peor. *Man Against Myth*, Hill and Wang, New York, 1968, p. 29.

que han sustituido. (13) Tenemos, entonces, una visión distorsionada de lo que es la mujer, su naturaleza verdadera. Hasta el punto que para conocerse a sí misma, la mujer ha de enfrentarse a esas falsas imágenes, rechazarlas y empezar a crear su verdadero rostro.

Negar lo convencional, lo establecido, es la hazaña necesaria, según Castellanos, para alcanzar esa imagen auténtica. Con lo cual, se logrará restablecer además el conveniente equilibrio entre el hombre y la mujer, sea cual fuere el tipo de relación que establezcan.

¿Cuáles son, entonces, estas falsas imágenes que reducen a la mujer a la impotencia? ¿Cuáles sus mitos, a los que tan irracionalmente se apegan hombres y mujeres?

La lectura de los últimos poemas de *Poesía no eres tú* nos pone en contacto con algunos de los mitos más arraigados sobre el comportamiento amoroso de la mujer mexicana y, por ende, añadimos, en gran medida de la hispanoamericana: la virginidad, el amor ideal y sublime, la abnegación y el llanto femeninos, la maternidad...

A diferencia de sus desdoblamientos poéticos anteriores —en figuras épicas o famosas de mujeres en situaciones extraordinarias— ya no se trata de una Dido trágica y solemne ante la desgracia, ni de la situación dramática de una Judith o Salomé. Ahora el tono oscila entre lo autoconfesional y el carácter íntimo pero impersonal de las revelaciones de mujeres (que por lo comunes resultan familiares) en una encuesta social. Sus experiencias personales (esas "vivencias entrañables" (14)) y otras experimentadas en cabeza ajena, pasan bajo el prisma de la reflexión y muestran sus mecanismos internos, sus contradicciones, su precariedad. Ridiculiza tanto la abnegación servil como la actitud esclavizadora en las relaciones amorosas por ser ambas inauténticas. En estos poemas, Castellanos muestra la capacidad de burlarse de todo lo que oprime, e incluso hasta de sí misma. Ve en la risa una

---

(13)   Castellanos, *Mujer*, p. 7.

(14)   Rosario Castellanos, *Juicios sumarios*, Universidad Veracruzana, México, 1966, p. 432.

vía de liberación. Quizás, porque, como dice la autora, "reírse de algo es la forma simbólica de colocarse fuera de ese algo." (15)

El tema del "Amor-abandono," que en "Lamentación de Dido," poema de enorme intensidad dramática, cobrara la dimensión de lo grandioso; en uno de sus últimos poemas, "Accidente", se despoja de sus galas solemnes y se convierte en "una posibilidad de experiencia." (16) ambos poemas narran experiencias de amor y desamor. "Lamentación.. (considerado el mejor poema de Rosario Castellanos y uno de "los más hondos poemas de amor de la lírica mexicana" (17), es de tono lento y grave, de imágenes intensas y totalizadoras, "cuyo ritmo adquiere por momentos la gravedad de un salmo." (18) En "Accidente" el tono es ligero, casual. Esa "grave austeridad" característica de Castellanos, se tiñe ahora de un elemento nuevo: la ironía grave. Se mantiene el equilibrio: no hay desbordes verbales ni emocionales. Sigue el desencanto y el dolor de sus primeros poemas pero ya no hay llanto, no hay indignación. (19) En su lugar, se ensaya la sonrisa ante ese desencanto, con cierta burla que a veces llega a ser incluso mordaz.

En cuanto a las imágenes, continúan siendo enormemente comunicativas, pero ahora surgen, casi exclusivamente, de lo cotidiano, del mundo físico inmediato. Se registra así una diferencia importante al nivel imaginístico. (20) A través de un pro-

_____

(15) Castellanos, *Mujer*, p. 73.

(16) Castellanos, *Juicios*, p. 280.

(17) Labastida, *El amor*, p. 40.

(18) *Ibid.*, p. 39.

(19) Raúl Ortiz observa la misma diferencia con la relación a *El eterno femenino*, p. 12.

(20) Sin que creamos que la renovación formal sea la parte más importante de las innovaciones apreciables en los últimos poemas de Castellanos, es necesario señalar, que al cambiar su actitud frente al tema, la poeta busca formas de expresión más a tono con su nueva perspectiva. Como ella misma dice sobre está etapa: "palabras nuevas, muchas de ellas vulgares, groseras... son las que sirven para decir lo que hay que decir. Nada importante ni trascendente." *Mujer*, p. 207.

ceso de degradación de las imágenes, el poema "Accidente" nos coloca la relación amorosa en el nivel de lo no-sublime sino lo cotidiano, lo no-mítico sino lo posible, lo "real", lo auténtico, lo inmediato. En ambos poemas de amor es fuente de daño. Para la heroína de "Lamentación" es "el incendio... la predación, la ruina, el exterminio," es el encuentro del viento con la "rama de sauce que llora en las orillas de los ríos." (pp. 95-96) Es el amor, que al decir de Rosario Castellanos (en cita que toma de Simone de Beauvoir), "devora víctimas, exige el sacrificio supremo del yo.") (21) Dido lo experimenta en toda su intensidad aniquiladora y total: "El cuchillo bajo el que se quebró mi cerviz era un hombre llamado Eneas." (p. 95) Estas imágenes del amor nos comunican en su dramatismo el sentimiento del "gran amor." Amor como experiencia de lo sublime.

De igual fuerza desgarradora son las imágenes del abandono: "Dido, la abandonada, la que puso su corazón bajo el hachazo de un adiós tremendo." (p. 33) Su desamparo es tan angustioso y su dolor tan grande que la eternizan: "Porque el dolor —y ¿qué otra cosa soy más que dolor?— me ha hecho eterna." (p. 97)

La experiencia "Amor-abandono" del poema "Accidente" no es totalizante ni aniquiladora. Comienza por definir la experiencia amorosa vis a vis "el gran amor": "Temí no el gran amor." (p. 282) El poema se estructura definiendo dos planos diferentes, que identificamos aquí como A y B. A: el gran amor, amor maravillloso, sublime, desvastador. B: la experiencia amorosa como un accidente cotidiano. La poeta define su experiencia amorosa primero como lo que no es y luego como lo que es: No A sino B. Rechaza el plano A, que es el nivel de lo mítico, de lo sublime ("el gran amor") y acepta el plano B, que es por así decirlo una visión realista de la experiencia amorosa. No hay "gran amor" ni "gran dolor." Las imágenes degradadas son vehículos de la desmitificación:

no "el gran amor"	sino	el "accidente de la experiencia amorosa
no "la pira"	sino	"el cerillo mal prendido"
en el fuego "que consume"	sino	"la ampolla que entorpece"

---

(21)   Castellanos, *Juicios*, p. 280.

También los adjetivos contribuyen al proceso de degradación del plano A:

> beso "anacrónico"
> entrega "ficticia"
> juramento "retórico"

A diferencia de "Lamentación," aquí no existe Dido mediadora entre el poeta y su sufrimiento, ni ningún otro desdoblamiento del yo poético. Sin embargo, el equilibrio de la distancia se mantiene gracias al tono reflexivo e irónico del poema, lo cual da lugar a una separación entre el poeta y sus sentimientos, y al uso mismo de un lenguaje conversacional (no prosaico). Todo lo cual permite una cierta objetivación de lo que de otra forma podría ser solamente la confesión de una vivencia personal. En "Lamentación" Rosario Castellanos plantea el conflicto amoroso de Dido y Eneas desde la perspectiva de la mujer abandonada e identificándose con ella, lo cual subjetiviza la situación y le confiere gran intensidad dramática. (22) En "Accidente" se da el inverso del mismo proceso: sobre una experiencia de "Amor-abandono" contada en primera persona, la poeta reflexiona objetivizando la situación, ridiculizando el falso ritual del "gran amor," burlándose un poco de sí misma, de su experiencia, con lo cual se convierte en observadora y crítica de sus propios sentimientos.

El poema cuaja no por la intensidad dramática como "Lamentación," sino por la voluntad de realismo con que logra insertar una experiencia personal de mujer en el plano de lo universal. La relación amorosa que experimentó y falló, resulta ser para ella, a diferencia de Dido, una molestia para vivir. Es "la ampolla que entorpece la mano con que escribo." (p. 282 (23) El dolor del desencanto no la eterniza como a Dido. Es tan sólo una dificultad, un accidente, de la vida que continúa en el mismo proceso de escribir.

---

(22) Labastida, *El amor*, p. 39.

(23) En su ensayo sobre la idea del amor en Simone de Beauvoir, Castellanos subraya la necesidad de cambiar el concepto romántico-trágico del amor en Occidente, cuyo descrédito no justifica que los poetas sigan cantando al amor como ritual inmutable con un nimbo de tragedia. *Juicios*, p. 280.

Novedoso resulta también el tratamiento de la relación amorosa en los monólogos del "Kinsey Report." (24) En este poema,
Castellanos con ironía inteligente, apoyándose en el tono casual y
en objetivismo que presupone una encuesta social, ridiculiza algunas de las costumbres, productos de una "moral feudal pericli-
tada," (25) a la que se someten las mujeres hoy día. Costumbres
éstas que se han erigido, a su entender, como depositarias de
valores eternos e invariables que le impiden el acceso a hombres y
mujeres a vivencias auténticas. (26) Una de ellas es "la costumbre
de que el hombre tenga que ser muy macho y la mujer muy
abnegada." (27) Esta relación cómplice entre el verdugo y su
víctima, añade Castellanos, ha de desenmascararse. Los papeles
de la comedia que representan son absurdos, obsoletos y resultan
ser material inagotable para la risa. (28)

El "Kinsey Report" se estructura a partir de un desdoblamiento
del yo poético en seis voces, seis casos, que corresponden a seis
imágenes de mujer en diferentes situaciones de enajenación. Son
seis respuestas a preguntas de una encuesta sobre la sexualidad y
el amor, presentadas en monólogos directos, casi desnudos de
metáforas, que con tono "realista y descarnado" descubren "lla-
gas secretas" en sus vidas de mujer. (29) Los monólogos, sin
embargo, no caen en el patetismo, ni tienen la solemnidad ni
intensidad dramáticas del que oyéramos a Dido. Por el contrario,
hasta cierto punto, hace una caricatura de cada situación, bien sea
por lo supertípica que resulta o por la exageración de las verdades. Este mecanismo cumple la doble función de crear un tono
irónico-sarcástico (así evitando el melodrama), a la vez que con-

---

(24)   Es significativo que el título del poema sea tomado de una famosa encuesta
       sociológica norteamericana cuyo propósito era mostrar científicamente la
       situación de la mujer en sus relaciones sexuales y amorosas.

(25)   Cresta de Leguizamon, p. 8.

(26)   Castellanos, *Mujer*, p. 38-40.

(27)   *Ibid.*, p. 38.

(28)   *Ibid.*, p. 39.

(29)   Millan, p. 179.

vierte el poema en su análisis final, en una crítica de la misma situación que pinta. Es un poema crítico, sin rasgos propagandísticos ni panfletarios.

La primera entrevistada es una típica mujer casada con varios años de matrimonio (varios niños), clase media (por lo del banquete, la ceremonia y la semana en Acapulco), desencantada pero resignada; que es decente por eso no disfruta —"no debería de gustarle de todos modos" (p. 317)— la relación sexual ya convertida en rito mecánico, que ha engordado por los hijos y los problemas, y que cumple su función de abnegada esposa: "Yo me resisto siempre. Por decoro. / Pero, siempre también, cedo. Por obediencia." (p. 317).

Su conducta sexual es el balance complicadísimo entre lo que le exige la moral de mujer decente: hacerse de rogar, incluso resistirse para que le resulte más agradable al vencedor; y su deber de esposa que es la aceptación. Actúa en función de reglas morales tan contradictorias como las que denunció Sor Juana en sus famosos versos:

> Opinión ninguna gana,
> pues la que más se recata,
> si no os admite, es ingrata,
> y si os admite, es liviana.
> (3ra. redondilla)

El tono de burla desenmascara la imagen de resignación de la mujer en el monólogo, y ridiculiza el papel que desempeña cuyas motivaciones revelan una actitud tan indecente, falsa y enajenante, como la del marido "tan material", que después de pagar "el débito conyugal" le da la espalda y ronca.

Igualmente ridícula resulta la imagen de la joven soltera (virgen = inocente = ignorante), que empieza por responder a la encuesta insistiendo en su virginidad, punto clave y de arranque de todas sus esperanzas: "Señorita. Sí, insisto. Señorita." (p. 310) La joven del monólogo número seis es la típica señorita en edad de merecer (por la edad y la virginidad), ilusionada con el mito del "príncipe azul", que será regalo de San Antonio, que como bien dice la canción, se lo va a conseguir, para que "vivan felices y coman perdices," como en los cuentos de hadas. Lo ridículo de esta situación se hace más evidente con la descripción grotesca del príncipe de sus sueños, y las exageradas cualidades, que ella, como princesa, tendrá. Ya que, en caso de que haya pobreza o el príncipe salga "sapo" (es decir, borracho, mujeriego...), él se transformará como reconocimiento a los enormes méritos de ella, "se volverá fiel como premio a mis méritos / entre los que, el mayor, es *la paciencia*" (el subrayado es nuestro).

La carga de pasividad en las cualidades de esta imagen de mujer es notoria. A diferencia del cuento fantástico, donde el beso de la princesa transforma al sapo en príncipe, aquí la transformación viene del hombre mismo, y en reconocimiento a las bondades de la joven, entre las cuales la mayor es saber esperar. Sobre esta cualidad en la mujer dice Castellanos: "la única actitud lícita de la femineidad es la espera... ya que, cualquier osadía de indagar sobre sí mismas o la pretensión de conferirle un significado a la propia existencia espiritual es duramente reprimida y castigada por el aparato social." (30) Además, la repetición del comparativo *tan* en el poema le da un tono de falsedad y burla a todas sus cualidades, cuya enumeración asemeja una cantaleta aprendida de memoria:

> yo voy a mantenerme siempre tan atractiva,
> tan atenta a sus gustos, tan buena ama de casa,
> tan prolífica madre
> y tan extraordinaria cocinera... (p. 320)

El cuento de hadas continúa inflándose como una gran pompa de jabón, hasta que los dos versos finales presencian el derrumbamiento de lo que fuera un castillo de aire:

> No, no he tenido novio. No, ninguno
> todavía. Mañana. (p. 320)

Su felicidad estaba definida en aras de una ilusión que al final resultó ridícula e imposible de creer, porque toda su historia dependía de lo que precisamente admitió no tener: el príncipe azul, el novio. Por eso quizás ella podía soñar, mientras podía esperar.

---

(30)   Castellanos, *Mujer*, p. 14.

El monólogo se desarrolla en dos niveles: la realidad presente de la joven y su sueño o la ilusión del futuro. El mecanismo de inversión de estos dos planos cumple una función desmitificadora en el poema. La *espera* presentada como la virtud de ella en su fantasía del futuro es también su *espera* en el presente: la anticipación del novio que llegará sin que ella haga nada, tan sólo aguardar. Además, la *ausencia* de sí misma (autonulificación) con que ella fantasea en su futura relación con el príncipe azul (toda su existencia en función de retenerle), corresponde a la *ausencia* de él en su realidad presente: no existe aún el novio. Ambas, carencias significativas, denuncian la precariedad y el ridículo de una vida sostenida con pilares negativos o no-existentes: la espera, la ausencia, la nada.

Otros tipos de mujer que caen bajo el prisma de la reflexión en el "Kinsey Report" son: la divorciada, la soltera no-virgen, la que se abstiene y la lesbiana. Son cuatro tipos diferentes y sin embargo les aúna el rasgo mismo que las define: desencanto y rechazo del varón. Todas se expresan con calificativos de censura (explícita o implícita) sobre el hombre, justificando así su actitud de rechazo:

> La divorciada: "era tan mula como todos" (p. 318)
> La soltera no-virgen: "son todos unos tales" (p. 318)
> La que se abstiene: "Tengo ofrecida a Dios esta abstinencia" (p. 319)
> La lesbiana: "A los indispensables (como ellos se creen) /
>   los puede usted echar a la basura" (p. 319)

Todas y cada una de ellas pretenden encontrar una solución. También aquí necesitan justificar la mediocridad de esta salida que aceptan a sabiendas. Para la divorciada, la solución consiste en "echar una cana al aire." Su justificación es no convertirse en una histérica. Pero insiste en que la suerte de sus hijas no se parezca a la de ella. La soltera no-virgen se acuesta con sus amigos a pesar de las vejaciones a que la someten porque prefiere "una que otra cicatriz a tener la memoria como un cofre vacío." La que ofrece a Dios su abstinencia (debida a razones que no quiere explicar), recurre a los "masajes" para no volverse loca. La lesbiana cree encontrar la solución en una relación homosexual, donde sin embargo continúan —aunque suavizadas— las relaciones de poder: "la que manda... y la que obedece." Además los versos finales apuntan a una contradicción que aquí parece invalidar el lesbianismo como respuesta. Para conseguir un hijo han de recurrir a un laboratorio de inseminación artificial, proceso en el que ha de contarse con el esperma y su dador masculino. La idea de "agenciarse un hijo" para salvar la relación (igual que muchos matrimonios heterosexuales), es otra evidencia de su precariedad.

A pesar de la insuficiencia de las soluciones, las cuatro mujeres —caras de un mismo problema— se reconcilian con estas "soluciones-escapes," asumiendo papeles diferentes pero igualmente falsos. Continúa la enajenación de la que creían huir eliminando al varón y siguen teniendo que responder "al qué dirán" social. Unas recurren a la burla como defensa, pero la mayoría recurre a la hipocresía: el disimulo, aparentar lo que no son ni sienten. Rosario Castellanos en sus ensayos, se refiere en varias ocasiones a este tema de la hipocresía femenina, y señala que si bien esta acusación no carece de fundamentos, también ha de verse como la respuesta "que a sus opresores da el oprimido." (31) La hipocresía de la mujer es, pues, consecuencia de una situación; es un arma de defensa del débil frente al poderoso, "cuando los peligros son muchos y las opciones son pocas." (32) La hipocresía de las mujeres del "Kinsey Report" es salida inadecuada de su opresión y muestra de su continuada enajenación.

Otro ejemplo clásico del mecanismo tradicional de defensa femenina es el llanto. En el poema "autorretrato," Castellanos se ríe un poco de sus propias lágrimas y del manejo de este "arte" femenino:

> En cambio me enseñaron a llorar. Pero el llanto
> es en mí un mecanismo descompuesto
> y no lloro en la cámara mortuoria
> ni en la ocasión sublime ni frente a la catástrofe.
>
> Lloro cuando se quema el arroz o cuando pierdo
> el último recibo del impuesto predial. (p. 290).

Tratamiento similar encontramos en el poema "Capricho" de Alfonsina Storni, que describe el llanto como ese mar oculto en

---

(31) *Ibid.*, p. 25.

(32) *Ibid.*

el pecho femenino, que las mujeres utilizan muy hábilmente para conseguir sus fines:

> Un mar un poco torpe, ligeramente estulto,
> que se asoma a los ojos con bastante frecuencia
> y hasta lo manejamos con rarísima ciencia.

María Aurelia Capmany ve el llanto como parte del adiestramiento de la mujer y de su integración en la sociedad patrocéntrica. Las mujeres, añade, han aprendido a través de una educación de siglos, "que su actitud tiene que ser la sumisión, su realizaición el dolor y que sus lágrimas y sus quejas son las mejores armas para ganar la batalla." [33]

Otro recurso que ha servido para integrar a la mujer en la sociedad, ofreciéndole la posibilidad de "traspasar sus límites" es la maternidad. Este fenómeno, sostiene Castellanos, está plagado de ritos y tabúes, y si se presenta como una vía rápida para la santificación, es porque conlleva la abnegación más absoluta de la mujer y su propia anulación en beneficio del hijo. La maternidad es, añade, "un fenómeno que podemos regir a voluntad." [34]

En el poema "Se habla de Gabriel", Castellanos presenta una visión de la maternidad a tono con su postura teórica. De nuevo recrea una situación a partir de una experiencia personal, de la cual se distancia por medio del tratamiento de la materia poética. Con exactitud reflexiva penetra la realidad de una vivencia subjetiva. El poema describe la preñez como una serie de cambios fisiológicos en el cuerpo de la mujer. Estos cambios o deformaciones no son atributos mágicos de los que se enorgullece, sino que las molestias físicas que le trae la gestación:

> Fea, enferma, aburrida
> lo sentía crecer a mis expensas,
> robarle su color a mi sangre, añadir
> un peso y un volumen clandestinos
> a mi modo de estar sobre la tierra... (p. 291)

---

(33) María Aurelia Capmany, *El comportamiento amoroso de la mujer*, Dopesa, Barcelona, 1974, p. 69.

(34) Castellanos, *Mujer*, p. 15.

El hijo por nacer es un invitado, que aunque está de paso, no deja de importunar: "Como todos los huéspedes mi hijo me estorbaba/ ocupando un lugar que era mi lugar."

También el nacimiento está visto desde un punto de vista fisiológico. Madre e hijo colaboran en la transición. La madre acepta el compromiso: "Su cuerpo me pidio nacer, cederle el paso...Consentí." Y la salida del vientre es la herida que muestra la separación física, y asienta la individualidad del ser que empieza a ser presencia, compañía:

> ...Y por la herida en que partió por esa
> hemorragia de su desprendimiento
> se fue también lo último que tuve
> de soledad, de yo mirando tras de un vidrio. (p. 291)

Castellanos ubica la maternidad en el plano de lo racionalmente explicable. Desenmascara el mito al despojarlo del aura de misterio que lo rodeaba y recrea la maternidad con una perspectiva realista.

Con la misma voluntad de realismo con que indaga y expone los mitos culturales en torno a la mujer. Castellanos rechaza en "Meditación en el umbral," las soluciones que hallaran mujeres ilustres (de la historia y la ficción), que precedieron en la lucha contra lo establecido en busca de su imagen auténtica. Del rechazo surge la necesidad de encontrar formas diferentes, métodos distintos a los anteriores, lejos de la falsedad de los esquemas.

"Meditación en el umbral" es una reflexión sobre el comportamiento inicial de esas mujeres en su enfrentamiento con el suicidio: Ana de Tolstoi se tira bajo un tren; otras, como Sor Juana, inventando leyes geométricas en su celda de castigo; otras, como Emily Dickinson, se dedicaron a soñar, y otras también, como Safo, renunciaron a los hombres. Posturas éstas marcadas por un elemento de autoanulación explícita o encubierta. Sin embargo, estas formas de conducta en épocas y lugares diferentes, muestran la persistencia de la mujer en esta lucha, ya que, dice ella, precisamente acerca de esas mismas heroínas, "cada una a su manera y en su circunstancia hace estremecerse los cimientos de lo establecido y logra la realización de lo auténtico." (35) Aunque, añade, también se "consumieron" en su "consumación." (36)

Ninguna de ellas nos puede servir de modelo. No nos dan la solución de hoy. Debe haber otra manera que nos implique la autodestrucción, una solución que se base en los valores de lo auténtico: lo humano y lo libre. Los últimos versos plantean esta necesidad de encontrar formas diferentes a las anteriores:

> Debe haber otro modo que no se llame Safo
> ni Mesalina ni María Egipciaca
> ni Magdalena ni Clemencia Isaura.
>
> Otro modo de ser humano y libre.
>
> Otro modo de ser. (p. 316)

La busqueda constante de la verdad, de lo auténtico, podría ser el hilo unificador de toda la producción poética de Rosario Castellanos. En "Notas para una antología imaginaria," ella define la poesía verdadera como aquella "que responde a la necesidad humana más profunda de comprenderse y comprender al mundo, e interpretarlo y expresarlo." (37) En estos últimos poemas, igual que en los primeros, la poesía es experiencia de conocimiento, indagación intelectual. Lo novedoso en el grupo de poemas en mención es el tratamiento del material poético, la actitud de indagación desmificadora sobre el tema de la mujer. Proceso que lleva a cabo exponiendo el absurdo de los mitos, su contradicción y el ridículo que implican. Hay que reírse, dice Castellanos en varios de sus ensayos porque "la risa, ya lo sabemos, es el primer testimonio de la libertad." (38) Sin embargo, estos poemas no provocan la carcajada irresponsable, sino más bien la sonrisa irónica de descrédito, de crítica, de no aceptación.

Uno de los tópicos más cuestionados por la literatura feminista de hoy es la autenticidad del comportamiento amoroso de la

---

(35)   *Ibid.*, p. 20.

(36)   *Ibid.*, p. 21.

(37)   Castellanos, *Juicios*, p. 138.

(38)   Castellanos, *Mujer*, p. 207.

mujer. Conducta ésta que explica como un resultado no de su naturaleza sino de la imagen de sí misma que le ha impuesto la civilización. Castellanos reflexiona sobre el amor y su dinámica, y, en la busqueda de lo auténtico, también pone en cuestión el papel de la mujer en la relación amorosa. Según ella, el amor es una forma de acceso a la autenticidad. Es experiencia que se da entre iguales, ya que el esclavo no puede amar. María Aurelia Capmany parece sintetizar esta postura de Castellanos sobre la relación amorosa: "La primera condición para ser capaz de amar es llegar a ser libre." (39) Libre, añadimos, en términos de Castellanos, de las falsas imágenes que esclavizan a la mujer, libre de los mitos que la falsean. libre hasta el punto de reírse de los personajes que representa, sin olvidar que, afirma ella citando a Cortázar, "la risa ha cavado siempre más túneles que las lágrimas." (40)

---

(39)   Capmany, *El comportamiento,* p. 172.

(40)   Castellanos, *El eterno femenino,* p. 22.

Norma Klahn

JAIME SABINES Y LA RETÓRICA DE LA POESÍA CONVERSACIONAL

Desde la publicación de sus primeros libros, *Horal* (1950) y *La señal* (1951), Jaime Sabines fue reconocido como una de las voces más originales de México. Iconoclasta, su poesía "realista" o "conversacional" plantea desde el principio una práctica poética que constituye a la vez una práctica social. Mediante nuevas estructuras lingüísticas y la configuración de un hablante poético concreto, crea un espacio imaginario en el que los temas contemporáneos de angustia existencial adquieren una nueva fuerza expresiva.

Sabines inicia con otros poetas en Hispanoamérica una nueva dirección en el proceso poético: la tendencia neorrealista que orientará y definirá la línea central de la poesía de los sesenta y setenta. No es, sin embargo, hasta fines de los años 70 que este modo poético neorrealista se empezará a definir dentro de un contexto más amplio. En un artículo de 1976, Saul Yurkievich intenta ordenar la vasta producción poética que surge desde el modernismo, dividiéndola en cuatro periodos: 1) el modernista; 2) el vanguardista; 3) el de la poesía pura, existencial y surrealista; y 4) el neorrealista. (1) Yurkievich nombra a Nicanor Parra como el iniciador de esta última tendencia, que surge en la poesía a fines de los años 40 y principios de los 50 y que dice "será la tónica dominante en los poetas de las últimas generaciones". (2) "Ellos",

---

(1) Saul Yurkievich, "Poesía hispanoamericana: curso y transcurso" *Cahiers du monde hispanique et Luso-Brasilien* 27 (1976): 271-273.

(2) Yurkievich, p. 279.

continúa, "se encargarán de reforzar el contacto con la vida cotidiana, con la experiencia inmediata, con la calle, con lo popular, con la historia". (3)

Ese mismo año, el poeta y crítico cubano Roberto Fernández Retamar definía esa tendencia de ruptura que había surgido en la poesía de los años 50 como reacción a los trascendentalistas (Vallejo, Neruda, Paz) y afirmaba que esta nueva fase poética era significativa de "un realismo nuevo." (4) Advertía dos líneas: la antipoesía, asociada con Parra, y la poesía conversacional, identificada con Cardenal, y señalaba las diferencias entre ambas: la primera, negativa y cerrada; la segunda, positiva y abierta. Por esos mismos años, José Emilio Pacheco afirmaba que el poema hablado, por fin, se había impuesto al poema cantado. Dice "El realismo coloquial (ya nadie quiere llamarlo anti-poesía) es la línea avasalladoramente dominante." (5) Fernández Retamar, al definir la anti-poesía y la poesía conversacional en relación con la poética de dos autores cuya visión última y actitud ante la poesía difiere, oponía términos que en realidad no se contradicen. Pacheco reconocía que ambas designaciones comprendían un espacio común, significativo de una ruptura con la tradición poética anterior. La antipoesía anuncia otra posibilidad de la poesía, poesía contestaria que propone una alternativa a la poesía en vigencia. El término coloquial o conversacional apunta más bien a la técnica o estética de esta nueva tendencia. (6) Los críticos chilenos teorizaron tempranamente sobre esta renovación en poesía. En 1958, Pedro Lastra apuntaba a la constitución de esa poética. Veía el antipoema como significativo de un cambio radical en la poesía cuando dice, al comentar un libro de Nicanor Parra, "*Cancionero sin nombre* anticipa la audacia en el uso del lenguaje

(3) Yurkievich, p. 279.

(4) Roberto Fernández Retamar, "Antipoesía y poesía conversacional en América Latina," *El guacamayo y la serpiente*, mayo 1976: 3-26.

(5) José Emilio Pacheco, "Reseña de *Nuevo recuento de poemas* de Jaime Sabines," *Vuelta* 9 agosto 1977: 34.

(6) Véase Paul W. Borgeson, Jr., "Lenguaje hablado/lenguaje poético," *Revista Iberoamericana* 118-119 (1982).

coloquial que caracteriza, en lo exterior, a los antipoemas." (7) El antipoema, que utilizaba como base la vida diaria de manera anecdótica, necesariamente buscaba en el lenguaje hablado, en las palabras de uso diario, su material verbal. En 1963, otro crítico chileno, afirma: "El complejo de significados de los antipoemas hace, en general, referencia a la situación concreta del hombre contemporáneo... y, finalmente, al hombre mismo, sin determinaciones; sus visiones pretenden tener valor de realidad... En la relación entre lenguaje y significado, el antipoema utiliza no sólo el 'lenguaje elevado', 'propio de la poesía' y decantado por un largo ejercicio, sino también el lenguaje coloquial (burgués y popular), que al ser elevado a categoría poética adquiere una poderosa relevancia." (8)

Asimilados en distintos grados los logros de los movimientos de vanguardia, los poetas, de maneras varias y creando sus propias visiones de mundo, volcaron su mirada al mundo concreto, al mundo de las vivencias diarias. Conscientes de su afán renovador, articularon una nueva poética. El poema debe ser, dice Parra, "un himno a la vida, no a la belleza, es la vida en palabras... la antipoesía es una poesía comprometida." (9) Para Enrique Lihn "la poesía en un momento, reconoce la relación del texto en una situación, por así decirlo, concreta, en la que están incorporados elementos de la historia, de estos países, elementos políticos, biográficos, etc." (10) Ernesto Cardenal concibe la poesía como una creada con las imágenes del mundo exterior, el mundo que vemos y palpamos. (11) Jaime Sabines insiste que el poeta debe

---

(7) Pedro Lastra, "Notas sobre cinco poetas chilenos," *Atenea* 380-381 (1958): 218-234.

(8) Federico Schopf, "Estructura del antipoema," *Atenea* 399 (1963): 140-143.

(9) Mario Benedetti, "Nicanor Parra o el artefacto con laureles," *"Entrevista a Nicanor Parra" en los poetas comunicantes* (Uruguay: Biblioteca de Marcha,) 1972: 51.

(10) Pedro Lastra, *Conversaciones con Enrique Lihn* (Veracruz: Universidad Veracruzana, 1980) 24-25.

(11) Véase Iván Uriarte, *La poesía de Ernesto Cardenal" en el Contexto histórico social centroamericano,"* diss., univ. of Penn., 1980.

nutrirse de las vivencias diarias de lo cotidiano de la sociedad en que vive. (12) De allí que podemos hablar de "antipoesía" en el caso de Nicanor Parra, de "poesía exteriorista" en el caso de Cardenal, de "poesía situada" en el caso de Enrique Lihn y de "realismo coloquial" en Sabines, todos incorporados a una nueva estética de tendencia realista. Óscar Rivera Rodas en *Cinco momentos de la lírica hispanoamericana,* la definirá como "Poesía de identificación", poesía realista que se aproxima al objeto para reconocerlo e identificarlo: "La lírica ha abandonado aquellas lucubraciones universales e intemporales para asumir una actitud más realista; por lo cual ya no se preocupa por el conocimiento del universo como tal, pero el universo inmediato, próximo propio." (13)

José Emilio Pacheco traza los orígenes de esta poesía en los supuestos teóricos y en la poesía de Pedro Henríquez Ureña, Salomón de la Selva y Salvador Novo, quienes influidos no por los ismos europeos sino por la "New Poetry" norteamericana forman "la otra vanguardia", corriente realista y no surrealista que marca y cambia la poesía contemporánea. También es importante la difusión de los poetas norteamericanos en Hispanoamérica que promovió José Coronel Urtecho al volver en 1927 de los Estados Unidos y fundar en Nicaragua el grupo "Vanguardia." (14)

No sólo será la lectura de la poesía de Whitman, Eliot, Pound, Stevens, Cummings, Lowell, Moore, entre otros, la que marcará el rumbo de la poesía en hispanoamérica sino también las teorías poéticas que generó esa poesía; en especial, las de Eliot sobre el uso del lenguaje cotidiano (15) y las de Pound sobre el concepto de una poesía integradora. (16) En la poesía, decía Pound, cabe todo.

(12) "Jaime Sabines presta su cara a la política." Entrevista de Elias Chávez, *Proceso.*

(13) Oscar Rivera Rodas, *Cinco momentos en la lírica hispanoamericana* (Bolivia: Instituto Boliviano de Cultura, 1978) 346.

(14) José Emilio Pacheco, "Notas sobre la otra vanguardia," *Revista Iberoamericana* 106-107 (1979): 327-334.

(15) Véase T.S. Eliot, "The Social Function of Poetry," *On Poets and Poetry* New York: Farrar, Straus & Giroux, 1976) 3-16.

(16) Ezra Pound, "The Prose Tradition in Verse," *Polite essays* (London: Faber and Faber Ltd., 1937) 55-66.

La poesía puede gozar de todos los descubrimientos de la prosa contrapunto, monólogo interior, simultaneidad de tiempo, intertexto y el acercamiento al lenguaje común. (17)

El poema hablado que surge en distintos momentos de la historia es parte de un proceso que Eliot llama "la aventura infinita que es la poesía." A través de los siglos la poesía en transformación constante ha oscilado entre un lenguaje que aspira a la música y otro que aspira al habla. Un cambio en cualquiera de estas dos direcciones representa una nueva etapa en el proceso poético. (18)

Aunque conscientes del aporte que las lecturas de la poesía norteamericana, como antes la europea, contribuía en la elaboración de una renovación poética en hispanoamérica, los poetas genuinos asimilarán las distintas poéticas pero se mantendrán fieles a su propia tradición y responderán desde una lengua y cultura particulares. Con modelos propios, crearon espacios intraducibles en los que se debate la conciencia individual y la sensibilidad epocal marcadas ambas no sólo por la literatura sino por el tiempo y el espacio que viven. Asimilados los logros de los movimientos de vanguardia, reanudaron los lazos con la tradición realista. Volcaron su mirada al mundo concreto, al mundo de las vivencias diarias. Sus iniciadores y discípulos, distintos entre sí, enriquecieron y diversificaron el género poético.

Para Michael Hamburger esta vertiente neorrealista que él denomina antipoesía surge universalmente después de la Segunda Guerra Mundial. El marca el año de 1945 como decisivo, y las figuras de Bertold Brech y de Williams como los que en su poesía mejor lograron la incorporación del yo poético y el yo social y trascendieron la dicotomía del Romanticismo-Simbolismo. La poesía para ellos pasa por la historia y colabora con la vida real. (19)

---

(17)   Uriarte, p. 48.

(18)   T. S. Eliot, "The Music of Poetry," *On Poets and Poetry,* p. 23.

(19)   Michael Hamburger, *The Truth of Poetry: Tensions in Modern Poetry from Baudelaire to the 1960's.* (New York: Harcourt, Brace and World inc., 1969) 191.

Paz en *Los hijos del limo* cita a Jaime Sabines como uno de los iniciadores de la poesía contemporánea y posvanguardista. Para Paz el cambio hacía una poesía realista social se nota en Hispanoamérica en los años 50: "No se trataba de inventar sino de explorar. El territorio que atraía a estos poetas no estaba ni afuera ni adentro. Esa zona donde confluyen lo interior y lo exterior: la zona del lenguaje... El lenguaje es el hombre, pero también es el mundo. Es historia y es biografía: los astros y yo." [20]

La poesía de los cincuenta en Hispanoamérica mostrará afinidades con los poetas posrománticos, posmodernistas, experimentadores del prosaísmo, con el Diario de "La epístola a la Señora de Lugones," con López Velarde, Pablo de Rohka y César Vallejo. [21] López Velarde en su uso del idioma de la conversación asume una actitud crítica que apunta a la crisis moderna y marca la poesía posterior. [22] Vallejo incorpora al lenguaje poético, la palabra y la frase coloquial para articular su mundo fragmentado e incoherente, hostil y poco protector que lo rodeaba. Su visión crítica y humanista, como la de Neruda en *Residencia en la tierra*, ha influido de una manera u otra la poesía hispanoamericana que le sucedió.

Los poetas neorrealistas, como Parra, Sabines, Tallet, Castellanos, y más tarde Cardenal, entre otros, responden a una sensibilidad nueva marcada por las guerras, la rápida modernización, la cultura de masas, y el consumerismo. Se ven envueltos en una realidad histórica, política y social que les exige una participación activa. Al responder a una nueva realidad, necesariamente configuran poemas en que se impone una nueva visión que los distan-

---

(20)   Octavio Paz, *Los hijos del limo* (Espeña: Seix Barral, 1981) 208.

(21)   Véase Fernando Alegría, "Antipoesía en Latinoamérica," *Latinoamérica en su literatura* (México: Siglo XXI, 1972) 249-258. Alegría sitúa los antecedentes de la antipoesía en la poesía de Parra, López Velarde, Pablo de Ronka y César Vallejo.

(22)   Alegría, p. 249. Dice: "El derecho a la conversación se lo empieza a dar a la poesía latinoamericana. Ramón López Velarde se desatiende del conflicto planteado por González Martínez en su celebre soneto. No es de cisnes ni de buhos que desea hablar. Se refiere, en cambio, a su prima Agueda. Primera contribución de López Velarde al fondo de los antipoetas: narra, canta, tampoco describe."

cia de la generación anterior. Su poesía marca la repetición que conlleva afiliación, y la diferencia que produce novedad.

En este caso la diferencia radica en la constitución de un sujeto lírico distinto. Este nuevo sujeto define la poesía neorrealista y cambia la forma de poetizar. Se rechaza la imagen del poeta excepcional, visionario, distanciado de la realidad circundante para constituir un hablante con las características del hombre común, que dirá, como Sabines "la realidad es superior a los sueños."

Si Parra se convierte, según muchos críticos, en la figura central de esta nueva tendencia realista, no es el único ni el primero que emprende esta dirección. Para esta época surgen poemarios que establecen entre sí puntos de contacto, que muestran ciertas afinidades al reaccionar a los fuertes movimientos anteriores. Algunos de los títulos que empiezan a aparecer a fines de los cuarenta anuncian esta nueva dirección: *La ciudad deshabitada* (1947) de Ernesto Cardenal; *La miseria del hombre* (1948) de Gonzalo Rojas; *Conversación a mi padre* (1949) de Eugenio Florit; *Ecuador amargo* (1949) de Jorge Enrique Adoum; "Poema de la vida cotidiana" recogido en *De la vigilia estéril* (1951) de José Z. Tallet; *Horal* (1950), *La señal* (1951), y *Tarumba* (1956) de Jaime Sabines; *Ella nació en la tierra* (1951) de Miguel Guardia; *El rescate del mundo* (1952) de Rosario Castellanos; *Poemas y antipoemas* (1954) de Nicanor Parra; *Las imprecaciones* (1956) de Manuel Scorza; *Poemas de la oficina* (1956) de Mario Benedetti; *Los demonios y los días* (1956) de Rubén Bonifaz Nuño; *A quien corresponda* (1961) de Jorge Hernández Campos.

En México es la poesía de Jaime Sabines la que mejor ejemplifica el cambio de dirección que emprende una mayoría de los poetas que retan, de una manera u otra, la tradición de la poesía profética y visionaria que les antecede. Para el poeta chiapaneco la creación de poemas situados en una realidad tangible era la única vía de acceso para la aventura poética del yo. Sabines insiste en la imagen del poeta como testigo y cronista, como consciencia crítica de su época. En 1959, en una entrevista con Jesús Arellano decía: "Es absurdo que el arte no tenga tesis. Todo arte verdadero es un mensaje humano. Eso que llaman 'poesía social' es una definición limitada. Toda poesía de verdad es social." (23) Sabines confrontaba la poesía de Paz y sus discípulos de manera polémica, como a la vez Parra se proclamaría anti-nerudiano. La poesía de Paz no le satisfacía. Nos dice en esa misma entrevista, "Como que hace su poesía ascépticamente... Se me hace que se pone un delantal, máscaras y guantes para escribir... No me gustan los poemas donde no se ve al poeta ni al hombre. Pura construcción, pura objetividad sin mancha y sin rastro. No sé, creo que en el fondo, es una gente sin casa y sin nombre." (24) Proponía lo que Enrique Lihn muy acertadamente llama "una poesía situada", que, contrapuesta a una poesía poética, procura un vínculo explícito entre el texto y una situación concreta, como en la prosa. (25) Si existen afinidades con la poesía de Parra, son precisamente eso, poéticas afines, dado que Sabines, como ha señalado Pacheco, conoció y leyó a Nicanor Parra en 1968 en su viaje a Cuba. (26)

La poesía de Sabines establece un diálogo con la poesía sensual y realista de López Velarde; con la poética de los Haikais de Tablada, cuya característica genérica consiste en expresar emociones y conceptos a partir de imágenes sacadas de la realidad concreta; también con los poemas irónicos y desmificadores de Salvador Novo; y con la poesía citadina de Efraín Huerta.

No eran muchos los que en aquella época, principios de los años 50 abogaban por una expresión anti-críptica, de apariencia directa. Estos poetas se esfuerzan por alejarse de una retórica que en manos de la mayoría se oía hueca y vacía. Este giro lo inicia en México la generación del 50, poetas nacidos entre 1920 y 1925, cuyos integrantes más destacados son Jaime Sabines, Rosario Castellanos, Rubén Bonifaz Nuño, y Jaime García Terrés. (27)

El crítico guatemalteco Raúl Leiva los presenta por primera vez como grupo en su libro *La imagen de la poesía mexicana contem-*

(23)   Jesús Arellano, "Habla Jaime Sabines," *La nación*, 21 julio 1959.

(24)   Arellano, "Habla Jaime Sabines..."

(25)   Lastra, *Conversaciones con Enrique Lihn*, 24-25.

(26)   Pacheco, "Reseña de *Nuevo Recuento*, p. 35.

(25)   Véase J. E. Pacheco. "Aproximación a la poesía mexicana del siglo XX, *Hispania* 48 2(1965): 219.

poránea, publicado en 1959. El capítulo final, "la última generación", está dedicado a estos poetas que para la época apenas pasaban de los treinta. Los califica como humanistas con una honda preocupación social, destaca en sus poemas la variedad de temas que se vinculan con una realidad inmediata y celebra su expresión depurada. (28) Es la primera generación de este siglo en México que no se reúne en torno a una revista. Su poesía irá tomando distintos caminos, pero en ese momento, dice Carlos Monsiváis, "los unifica la lucha contra el absorbente y monótono palabrerío ambiental y la necesidad de orientar una poesía nueva ya no dócil tributaria de los clásicos o la neurosis". (29) En su búsqueda de nuevas direcciones, cada uno fue desarrollando su propio estilo y creando su propia obra pero todos a partir de poéticas afines.

Si el sujeto poético que se configura en la obra de Paz o Neruda es capaz de dominar el mundo aunque lo presente como temeroso, en la poesía de esta generación hay un rechazo de toda grandeza del hablante; el poeta conoce sus limitaciones. (Partimos de la idea de que el yo del poema es un rol textual, una imagen del poeta: la figura del sujeto que se constituye en el texto es ficticia, aunque ciertas estrategias nos invitan a creer en su correlato autorial.) El poeta ya no es el mago inspirado ni tampoco un ser abstracto.

Un poema de Rubén Bonifaz Nuño dice:

> No me ilusiono, admito, es de mi gusto,
> que soy un hombre igual a todos.
> trabajo en algo, cobro
> un sueldo insuficiente; me divierto
> cuando puedo, o me aburro hasta morirme;
> hablo, me cayo a veces, pido
> mi comida, y a ratos
> quisiera ser feliz gloriosamente,
> y hago el amor, o voy y vengo

---

(28)   Raul Leiva, *Imagen de la poesía mexicana contemporánea* (México: Imprenta Universitaria, 1959). Leiva presenta a los siguientes poetas: Margarita Paz Paredes, Rubén Bonifaz Nuño, Jaime Sabines, Jesús Arellano, Miguel Guardia, Jaime García Terrés, Rosario Castellanos.

(29)   Carlos Monsiváis, *La poesía mexicna del siglo XX* (México: Empresas Editoriales, 1966) p. 63.

sin nadie que me siga. Tengo un perro
y algunas cosas mías. (30)

La poesía de García Terrés, poesía de la razón e inteligencia, de
incorporación cultista, muestra, sin embargo, ciertas afinidades
con su generación: el uso de una expresión depurada, a veces de
tono conversacional, y la articulación de un mundo que parte de
la realidad inmediata.

Acomodo mis penas como puedo, porque voy de prisa.
Las pongo en mis bolsillos o las escondo tontamente
debajo de la piel y adentro de los huesos;
algunas, unas cuantas
quedan desparramadas en la sangre,
subitas furias al garete, coloradas.
Todo por no tener un sitio para cada cosa:
todo por azuzar los vagos ijares del tiempo
con espuelas que no saben de calmas ni respiros. (31)

El denominador común es la voluntad de realidad. Hablan de
lo cotidiano, de experiencias reconocibles, y emplean un lenguaje
de tono y ritmo conversacional, mezcla lograda de lo oral y lo
escrito, forjando una alianza perfecta y natural entre sonido y
sentido. El poeta argentino César Fernández Moreno, de la
misma generación, lo explica como compromiso de acudir a "una
escritura que debe ser por lo menos apta para ser leída por el
sector más amplio posible de esa sociedad en que se origina." (32)

La poética conversacional requiere el rescate y la incorporación
del lenguaje cotidiano. Dice Rosario Castellanos: "me siento con
una entera libertad para usar palabras consideradas como prosaicas, y que son prosaicas, para incorporarlas no al lenguaje poético
en general sino a mi estilo." (33)

---

(30)   Rubén Bonifaz Nuño, *De otro modo lo mismo* (México: Fondo de Cultura
        Económica), p. 253. Para un análisis sobre la transformación del sujeto
        poético en la poesía hispanoamericana véase Pedro Lastra, "Notas sobre la
        poesía hispanoamericana actual," que constituye la introducción a "Catorce
        poetas hispanoamericanos hoy," *Inti* (1985).

(31)   Jaime García Terres, "Jauria" de *Los reinos combatientes*.

(32)   J.G. Cobo Borda, "Poesía latinoamericana," *Enlace* 1 (1984).

(33)   Rosario Castellanos.

Este uso de un lenguaje de la plática diaria o prosaica cuestiona implícitamente la oposición entre lenguaje poético y el lenguaje común. Se recrea el tono y el ritmo de la conversación. Nadie habla así, la poesía conversacional no es conversación. El poema *escrito* finge ser hablado y utiliza una retórica que acentúa su condicción de lenguaje hablado. Este efecto se logra mediante distintas estrategias textuales: la infrecuencia o supresión de la metáfora, de las imágenes abstractas, y de los adjetivos superfluos o inpertinentes. (34) Se establece otra retórica que se vincula a la prosa, que usa las frases coloquiales ("Yo traía un amor reteadentro"), un vocabulario común, una sintaxis normal, e imágenes concretas.

La poesía, a diferencia de la prosa, se define por su ordenamiento paradigmático y no el sintagmático propio de la prosa: la organización en el texto poético se establece al nivel de asociaciones y equivalencias en una estructura que privilegia la recurrencia y la repetición. En la poesía conversacional la tensión y visión poética se dan por medio de la reiteración de ritmos y frases, mediante recursos como el paralelismo, la anáfora, y la aliteración, además del hábil manejo del encabalgamiento y del uso acumulativo de imágenes concretas. Algunos de estos recursos aparecen en el siguiente poema de Bonifaz Nuño:

> Desde la tristeza que se desploma,
> desde mi dolor que me cansa,
> desde mi oficina, desde mi cuarto revuelto,
> desde mis cobijas de hombre solo,
> desde este papel, tiendo la mano. (35)

Los espacio que se elaboran en esta poesía son concretos (aunque no particulares), y en la mayoría de los casos citadinos: casas, cines, bares, hospitales, oficinas, parques. Proliferan los deícticos aquí, allá, entonces, ahora, los nombres de los días y de los meses para reforzar el vínculo con las vivencias diarias. La poesía está poblada de personajes de todos los días: oficinistas, políticos, tías, hermanas; al lado de poetas, y músicos que se definen como

---

(34) Véase Jean Cohen "Nivel Semántico: la predicación," en *Estructura del lenguaje poético* (España(Gredos, 1974) 104-133.

(35) Bonifaz Nuño, p. 159.

artesanos. Los sitios, tiempos, y personas representantes del mundo cotidiano parten de una realidad concreta, y trascienden, a la vez, lo particular y concreto para expresar la experiencia existencial del hombre moderno.

La soledad se convierte en uno de los motivos reiterativos de esta poesía. El sujeto se constituye como solo y angustiado, como partícipe aislado en un mundo impersonal.

Lento, amargo animal
que soy, que he sido,
amargo desde el nudo de polvo y agua y viento
que en la primera generación del hombre pedía a Dios.

Amargo como esos minerales amargos
que en las noches de exacta soledad
—maldita y arruinada soledad
sin uno mismo—
trepan a la garganta
y, costras de silencio,
asfixian, matan, resucitan. (36)

Jaime Sabines

Escribo amargo y fácil
y en el día resollante y monótono
de no tener cabeza sobre el traje
ni traje que no apriete
ni mujer en que caerse muerto. (37)

Rubén Bonifaz Nuño

Una mujer camina por un camino estéril
rumbo al más desolado y tremendo crepúsculo.
Una mujer se queda tirada como piedra
en medio de un desierto
o se apaga. (38)

Rosario Castellanos

---

(36)   Jaime Sabines, *Nuevo Recuento de poemas* (México: Joaquín Mortiz, 1977) 9-10.

(37)   Bonifaz Nuño, p. 263.

(38)   Rosario Castellanos, *Poesía no eres tú* (México: Fondo de Cultura Económica) 10.

102

La soledad, el escepticismo, la amargura, serán motivos reiterativos que conforman una postura de rebeldía ante la realidad que les toca vivir. "Poetas comunicantes" llamará Mario Benedetti a aquellos que siguen la ruta de la poesía conversacional. Queda implícita la confianza en la palabra y, por ende, la poesía como instrumento válido para expresar el mundo circundante. Son, en la frase de Albert Camus, "solitarios solidarios." Configuran el mundo a partir de una poética reconstructiva. Como testigos desencantados, inconformes, comunican su terrible soledad, e implícito en este acto de comunicación está la búsqueda del otro. Nótese que uno de los mecanismos o de las estrategias de esta retórica conversacional hace del lector un cómplice, lo incorpora al texto. En el caso de la generación del 50, cada uno utiliza distintos recursos, entre los que sobresale el uso del apóstrofe lírico en el caso de Sabines, el aparte parentético en Castellanos y el uso pronominal del nosotros en Bonifaz Nuño y García Terrés.

Mientras los poetas de esa promoción van tomando otros caminos, no menos válidos sino distintos, Jaime Sabines se mantiene fiel a su concepto de poesía y a la poética del realismo coloquial. En un poema de *Mal tiempo* (1972), dice:

> La música-dice Igor Stravinski-no expresa nada; expresa solamente la música.

> Ahora me explico porque no me gusta, por qué siempre me ha molestado la música de Stravinski.

> La música expresa la música. La pintura expresa la pintura, la poesía expresa la poesía. Cada vez somos más inteligentes, más abstractos, más espirituales. Llegará el hombre a ser sólo un pensamiento del hombre. (39)

En 1983, al recibir el Premio Nacional de Literatura, afirma: "es imposible que el poeta se sustraiga a la problemática que le toca vivir en su momento histórico, se encastille y escriba tan sólo para satisfacer su ego." Para Sabines, el poeta tiene un compromiso con su época. Debe descubrirla para un público.

Existen dos conceptos de la retórica desde la antigüedad: el arte de la comunicación o persuasión y el arte de la ornamentación.

---

(39) Sabines, *Nuevo Recuento...*, p. 279.

Estos conceptos no son mutuamente excluyentes, pero por lo general, y dependiendo de la época del poeta, uno cobra más valor sobre el otro. La poesía conversacional se opone al concepto de retórica sólo como ornamentación y participa más bien del concepto de retórica como comunicación. Homero establece desde la antigüedad las dos líneas. En *La Odisea* presenta al poeta ciudadano en las personas de Femio y Demódoco que componen sus canciones para un público. Su instrumento y su voz están al servicio de ellos y sus temas corresponden a la situación social del momento. Implícitamente buscan ganar la simpatía de su audiencia e involucrarlos en su acto creativo. En *La Ilíada* Aquiles se retira disgustado con sus compañeros y se aisla en su carpa a tocar su lira y a cantar. Sus herederos, dice T.S. Eliot, son aquellos poetas cuya ley es la ley de su genio visionario. (40) Todo poema comunica, pero por medio de distintas estrategias. La diferencia entre una y otra poesía, pública y privada, no se encuentra tanto en los temas como en la relación entre poeta y lector, relación que se establece mediante la estructura y textura del poema.

Sabines se identifica con el poeta ciudadano. Implícita en el tono conversacional de su poesía se encuentra la idea de diálogo. Para crear el efecto deseado —descubrir la sensibilidad de su época— la poesía de Sabines participa de la retórica clásica de la persuasión. Mediante el empleo de recursos poéticos como el apóstrofe lírico, la exclamación, las preguntas retóricas, el ethos y el pathos, elabora una poesía de alta tensión poética.

> La primera lluvia del año moja las calles,
> abre el aire
> humedece mi sangre.
> Me siento tan a gusto y tan triste, Tarumba,
> Viendo caer el agua desde quien sabe,
> sobre tantos y tanto!
> Ayúdame a mirar sin llorar, ayúdame a mirar sin llorar,
> ayúdame a llover yo mismo sobre mi corazón
> para que crezca como la planta del chayote
> o como la yerbabuena.
> Amo tanto la luz adolescente
> de esta mañana
> y su tierna humedad!

---

(40) Eliot, *On poets and Poetry.*

Ayúdame, Tarumba, a no morirme,
a que el viento no deste mis hojas
ni me arranque de esta tierra alegre! (41)

El apóstrofe lírico, recurso de los clásicos antiguos
hasta los románticos, es el principio organizativo de *Tarumba*
(1962), libro que marca un hito importante de la poesía mexicana
de este siglo. El apóstrofe intensifica la situación, y plantea su
significado, no en el sentido de una palabra, sino en la situación
de la comunicación misma. en el apóstrofe tradicional se rompe el
circuito de comunicación entre el poeta y el lector en la convoca-
ción que se hace a la amada, a Dios, a la naturaleza, para producir
una situación drámatica. Sabines renueva y modifica el apóstrofe
lírico. El sujeto lírico se dirige a Tarumba, a el "otro", por medio
de un discurso dialógico. Dice Raúl Leiva en 1956, "El autor,
creemos, se ha inventado este término, Tarumba, por eso parece
ser una especie de comodín pronominal que el poeta utiliza para
dialogar consigo mismo —auto-desdoblamiento— o con los demás." (42) El sujeto poético se reconoce y se acusa en Tarumba. Al
configurar a un interlocutor multifacético que representa distintas personalidades y estados de ánimo, convierte al lector en
cómplice con posibilidad de identificarse con el hablante o con el
interlocutor en un desdoblamiento múltiple. El interlocutor y el
oyente comparten sus frustaciones, tensiones, alegrías, deseos,
aburrimientos, borracheras, esperanzas, tristezas, rabias y place-
res. Comparte con "su otro", a la vez que con "el otro", una suerte
de personalidad múltiple y fluida. La imagen de sí misma que
construye el apóstrofe lírico no es la del apóstrofe tradicional que
convertía al poeta en ser privilegiado, apartado de los otros, sino
la imagen de un ser social que se reconoce en los demás. Por su
misma naturaleza el apóstrofe suspende el aspecto referencial. Al
presentar el acto como si se estuviera en presencia de una situación, se enfoca el evento poético y se produce un efecto de
inmediatez. El apóstrofe resiste cualquier organización anecdótica y nos sitúa en presencia de un alma movida poderosamente
en situaciones intensas. Por medio del *pathos* se crea en el lector

---

(41)   Sabines, *Nuevo Recuento...*, p. 103.

(42)   Raúl Leiva "Poesía de Tarumba," *Metáfora*, julio-agosto, 1956, p. 38.

una escala de emociones que van desde la desesperación angustiosa y triste, que emana de los poemas serios, hasta la risa franca, producto de poemas donde el humor negro pone de relieve lo ridículo de la condición humana.

La poesía de Sabines se constituye con el motivo del peregrinaje y el poeta como el testigo ambulante forzado a caminar.

> Nos hechamos a andar y no paramos
> de andar jamás. (43)

Aunque la poesía de Sabines se denomine realista, en cuanto parte de circunstancias concretas no es necesariamente racional. Las experiencias concretas sirven, como ya ha estudiado Debicki, de manera alegórica para captar la sensibilidad del poeta frente al mundo que lo rodea. (44)

> Como si la soledad o mi zapato
> me apretaran el alma. (45)

El lenguaje significa dentro del poema para crear el efecto deseado.

> Yo voy con las hormigas
> entre las patas de las moscas
> Yo voy con el suelo, por el viento
> en los zapatos del hombre. (46)

Las frases aparentemente anecdóticas adquieren sentido sólo dentro de la significación que revela el texto. Sorprendemos en ellas cierto ilogismo que rompe nuestros hábitos mentales y lingüísticos. Aunque lo anunciado mantiene la misma sintaxis del habla, comunica lo inesperado, lo absurdo y lo degradado. La experiencia vivida del hombre es análoga a la de los insectos que

---

(43)   Sabines, *Nuevo Recuento...*, p. 227.

(44)   Andrew Debicki, *Poetas hispanoamericanos contemporáneos* (Madrid: Gredos, 1976(.

(45)   Sabines, *Nuevo Recuento...*, p. 27.

(46)   Sabines, *Nuevo Recuento...*, p. 94.

se definen por su dispersidad e impotencia. Si la poesía se define por su voluntad de organización altamente estructurada a base de la reiteración rítmica y sintáctica, la poesía de Sabines se aparta del prosaísmo al hacer del paralelismo, la anáfora y la aliteración recursos constantes.

> A caballo, Tarumba,
> hay que montar a caballo
> para recorrer este país,
> para desear a la que deseas,
> para abrir el hoyo de tu muerte,
> para levantar tu resurrección.
> A caballo tus ojos,
> el salmo de tus ojos,
> el sueño de tus piernas cansadas.
> A caballo en el territorio de la malaria,
> tiempo enfermo,
> hembra caliente,
> risa a gotas. (47)

La simetría se opone al verso libre en una voluntad de ordenar el mundo de afuera. Sabines establece lo caótico por medio del recurso de ruptura del sistema, estrategia muy utilizada en su poesía.

> Un ropero, un espejo, una silla,
> ninguna estrella, mi cuarto, una ventana,
> la noche como siempre y yo sin hambre,
> con un chicle y un sueño y una esperanza. (48)

Sabines resuelve de manera formal las contradicciones implícitas en la enumeración o frase ilógica.

Sabines ha logrado ese equilibrio entre la expresión de los sentimientos y la penetración del mundo exterior que según Michael Amburger constituye la gran poesía: "Whenever major poetry has been written in the past century or any other the two opposing impulses have met imagination (or inwardness) has focused in some ways with outer experience." (49)

---

(47)   Sabines, *Nuevo Recuento...*, p. 96.

(48)   Sabines, *Nuevo Recuento...*, p. 22.

(49)   Hamburger, p. 28.

Su poética defiende la realidad como "superior a los sueños" y su poesía se convierte en la exploración de lo que significa vivir la vida diaria en cuanto emoción sentida. Elabora su poesía como respuesta a las vivencias diarias y personales. Articulado en tiempo presente, el sujeto arraigado en el mundo concreto mira y siente el mundo en vez de pensarlo. El sujeto lírico se transforma en conciencia crítica nombrando el universo circundante en un proceso de conocimiento y exploración. La aproximación del sujeto poético al mundo se da como experiencia emotiva y no intelectual. Sus influencias y preferencias literarias integran su poesía sin alusiones directas ni juegos intertextuales. Su poesía se da como acto presente, como evento. No busca paraísos perdidos ni futuros utópicos. Se enfrenta al presente como espacio multifacético en el cual el hombre se define en sus distintos roles. Los verbos sobresalen: "curarse en las cantinas," "besarse en los cines," "llorar," "desear," "soñar," "querer," "mirar," "decir."

En este pueblo, Tarumba,
miro a todas las gentes todos los días.
Somos una familia de grillos.
Me canso.
Todo lo sé, lo adivino, lo siento.
Conozco los matrimonios, los adulterios,
las muertes.

Se cuando el poeta grillo quiere cantar,
cuando bajan los zópilotes al mercado,
cuando me voy a morir yo.
Sé quienes, a que horas, cómo lo hacen,
curarse en las cantinas,
besarse en los cines,
menstruar,
llorar, dormir, lavarse las manos.
Lo único que no sé es cuándo nos iremos,
Tarumba, por un subterráneo,
al mar. (50)

Su poesía de tono confesional es la expresión de un hablante que se constituye como profundamente sensible. Se autocuestiona en momentos de desesperación e impotencia. Define así la existencia del hombre contemporáneo como problemática de

(50) Sabines, *Nuevo Recuento...*, p. 96.

preguntas sin respuestas. Establece su autenticidad por las preguntas que permite que le atormenten.

> ¿Qué putas puedo hacer con mi rodilla,
> con mi pierna tan larga y tan flaca,
> con mis brazos, con mi lengua,
> con mis flacos ojos?
> ¿Qué puedo hacer con este remolino
> de imbéciles de buena voluntad?
> ¿Qué puedo con inteligentes podridos
> y con dulces niñas que no quieren hombre sino poesía?
> ¿Qué puedo entre los poetas uniformados
> por la academia o por el comunismo?
> ¿Qué entre vendedores o políticos
> o pastores de almas?
> ¿Qué putas puedo hacer, Tarumba,
> si no soy santo, ni héroe, ni bandido,
> ni adorador del arte,
> ni boticario, ni rebelde?
> ¿Qué puedo hacer si puedo hacerlo todo
> y no tengo ganas de mirar y mirar? (51)

La persona poética entiende que el hombre es un ente social, no obstante la realidad falsa que habita. Dentro de esa estructura se reconoce como un burgués anti-heroico entre burgueses anti-heroicos. Comprende que él, igual que los demás, se enfrenta a la vida (y a la muerte) igual que los demás. "Ningún intelectual o poeta debe gozar de privilegios. El poeta es un hombre más, común y corriente. Jamás debe sentirse un ente superior aunque se encuentre entre 'inteligentes podridos' o 'imbéciles de buena voluntad'." (52)

La búsqueda romántica de liberación se convierte en la búsqueda existencial de un ser auténtico capaz de ser identificado con el hombre medio. Se "harta" de "las gentes" pero entiende que el aislamiento no es la solución. No se le permite ese enajenamiento romántico. Su dilema existencial es la búsqueda: mantenerse íntegro dentro de una sociedad en que a veces él mismo "se vende".

---

(51)   Sabines, *Nuevo Recuento...*, p. 98.

(52)   Sabines, "Entrevista," *Proceso.*

Después de leer tantas páginas que el tiempo escribe con mi mano,
quedo triste, Tarumba, de no heber dicho más,
quedo triste de ser tan pequeño
y quedo triste y colérico de no estar solo.
me quejo de estar todo el día en manos de las gentes... (53)

En momentos de impotencia y desesperación se refugia y se enajena en la soledad.

Estoy perdido y quebrado
y no tengo nada ni a nadie
ni puedo hablar
ni sirve. (54)

Nadie mejor que Jaime Sabines capta la desesperación de la imposibilidad de articular los sentimientos más profundos del ser, y pocos como él se han acercado tanto.

Penetro en la oquedad
sin palabra posible
en esa inimaginable orfandad
          de la luz
donde todo es intento, aproximado
afán y cercanía. (55)

Los espacios poéticos que recrean el espacio de "gentes" y lo auténtico se intercala con espacios que constituyen hitos momentáneos de descanso en que el hombre encuentra, de vez en cuando, alivio de las ansiedades diarias: el amor, la plática (motivo del café), el mundo del hijo y del juego, y la naturaleza (motivo de la lluvia):

Yo los miro a todos desde la puerta de mi casa,
desde el agua de un pozo,
desde el cielo,
y sólo tú me gustas, Tarumba,
que quieres café y que llueva. (56)

(53) Sabines, *Nuevo Recuento...*, 109.

(54) Sabines, *Nuevo Recuento...*, p. 105.

(55) Sabines, *Nuevo Recuento...*, p. 14.

(56) Sabines, *Nuevo Recuento...*, p. 95.

Alguien se refugia en las pequeñas cosas,
los libros, el café, las amistades,
busca paz en la hembra,
reposa en la esperanza,
pero no puede huir, es imposible;
amarrado a sus huesos,
atado a su morir como a su vida. (57)

La retórica coloquial de Jaime Sabines está arraigada en la tradición clásica y bíblica. Recupera dentro de las formas y visiones contemporáneas el versículo y la parábola, el apóstrofe y la retórica de la persuasión, el motivo del *carpe diem* y la *Danza de la muerte* en una poesía cuya originalidad apenas se empieza a estudiar.

(57)   Sabines, *Nuevo Recuento...*, p. 95.

José Martínez Torres y
Alberto Vital

SI HOY TUVIÉRAMOS DIOSES
(La poesía de Eduardo Lizalde)

> Si hoy tuviéramos dioses sólo vivirían
> gloriosos,
> imperceptibles instantes.
> (E.L. *Caza mayor*)

En ocasiones pensamos en escribir una historia de la poesía mexicana, pero tal libro debería ser la historia íntima de nuestra literatura, el resultado de una exploración de sus tejidos ocultos, de los silencios necesarios para que se construyera, de las corrientes, de las técnicas sugeridas o abandonadas por los escritores mexicanos. Un estudio semejante no diferería esencialmente, en rigor y creatividad, del trabajo de un buen musicólogo ocupado en iluminar las épocas fundamentales, la encrucijada en la historia de la fuga, de la orquestación, de la dodecafonía. Así como el músico se impone un código deliberadamente limitado para comunicar sus emociones, así también el poeta recibe la presencia de la tradición, que observa y juzga sus movimientos antes de acceder a caminar hacia el sitio elegido. Por otra parte, ni el crítico ni el lector debieran permanecer al margen de los rumbos seguidos por la escritura que nos precede: uno y otro podrían contribuir a diversificar las opciones y las opiniones, a extender el gusto, a superar los vicios que inveteradamente han conformado nuestra literatura. El presente ensayo sobre la poesía de Eduardo Lizalde quisiera escribirse —no sin modestia— en una incipiente tradición crítica mexicana, como un pequeño capítulo de esa historia íntima de nuestra poesía.

El tigre en la casa, motivo principal de estas páginas, fue escrito en 1970 y en ese mismo año mereció el premio "Xavier Villaurrutia" una de las más altas preseas literarias del país. No resulta difícil considerar y destacar los mejores poemas dentro de la brevedad de la obra de Lizalde, debido también a que en su

113

mayoría forman parte de este libro, donde cada página se subordina a aquello que el poeta busca comunicar: el dolor más cotidiano, la pesadilla y el hastío del acontecer cotidiano; no se refiere —a lo largo de todos sus libros— una emotividad onírica o de imaginación, sino siempre la búsqueda y el encuentro de la inmediatez de los objetos, de los hechos, mediante una estructura de ideas; no es un sueño consciente, como Borges define el poema, sino cierta manera de apoyarse en ritmos que permitan manifestar, ya sea sentimientos, reflexiones, sentimientos a partir de reflexiones... El libro comienza, paradójicamente, como un epitafio:

> Sólo dos cosas quiero, amigos, una: morir (...)

Esta sed de muerte rige la obra entera de Lizalde, como una reacción contra la conciencia de sentir ajeno el mundo, negación del apetito de vida, en favor de una apetencia de muerte que proporciona al mismo tiempo su temática y sus limitaciones ; obstáculos rítmicos, quizá provocados por una obstinada ausencia de entusiasmo ante la vida y ante el arte modernos. Poetizar en contra de la poesía es una temática recurrente en Lizalde; esto lo manifiesta repetidamente con la certeza de que los sentimientos más poderosos son *inefables:*

> Recuerdo que el amor era una blanda furia no
> expresable en palabras (...),

o, más comúnmente, con la convicción de que el mundo contemporáneo no merece la presencia de la poesía:

> ¿Qué poesía puede haber en la extinción
> de una especie de tal modo aberrante? (...)

El desengaño se manifiesta en la deliberada carga prosística que irrumpe en los mejores poemas, derribando así algunas líneas impecables, combinando versos de esta naturaleza con otros donde las características esenciales del verso se pierden, debido a que el propósito del texto es encontrar, comunicar una sola idea que ocupe el poema entero, como éste, donde durante nueve versos se exalta la estampa del tigre:

114

> El gato grande, el colosal divino, el fulgurante,
> el recamado de tersura celeste (...),

tan sólo para decir, inmediatamente después de estas dos hermosas líneas, que el "glamuroso destructor grabado a fuego", apesta; que una realidad, opulentamente adornada, es de golpe reducida al ridículo, a su propia caricatura: lo espiritual, lo exhuberante, lo pintoresco, lo supremo, todo, al fin, apesta, se subordina a un cuerpo de sudores, de bajezas, de irresistible repulsión hacia el espíritu.

No son pocas las ocasiones en que el recuerdo de una tarde de amigos, de un bar famoso donde se cita a López Velarde — efusividad momentánea para siempre secreta— está a punto de otorgarnos un reposo, de darnos reconciliación, oculta alegría, pero al fin se alzan el habitual desengaño, el gusto por las deformidades, y la sangre: si bien ya hemos para entonces logrado rescatar de las fauces del tigre algunos instantes de emoción compartida, de convivencia en un lugar mutuo, tan familiar al poeta como al lector:

> Cazábamos al vuelo alguna línea,
> gritos cuneiformes, garabatos negros
> que parecían mosquitos,
> arabescos, trapecistas arácnidos
> —tejiendo su tejer—
> en los aires alcohólicos y dulces de
>   La Opera,
> al porfiariano son de la cantina,
> —sus cedros, sus caobas, sus espejos—
> respirábamos versos, centellas, epigramas (...)

Esta escritura, irremediablemente urbana, vive en carne propia la agonía de la Ciudad de México, que el poeta busca, recorre, lamenta, al tiempo que puebla de máscaras y resignaciones,

> siempre a la sombra del bar El Paraíso,
> que arrasarán las obras de rescate del Gran Templo Mayor
> —indígena revancha—.

Esta es la ciudad de bares y cantinas en los inevitables barrios bajos, ciudad de los "bajos ángeles", de "jorobados trasvestistas", de "perros sin mecate", ciudad desolada e irredenta como la poesía de Eduardo Lizalde, una de cuyas virtudes consiste en ser la única escritura que se puede intentar, en cuanto a temas, en esta ciudad, situada en el estado más extraño a la ilusión.

El tigre, el voraz, el furioso en la casa, entraña la presencia de las agresividades en el ámbito de lo familiar, una irrupción de presencias ajenas y exóticas en los más íntimo. El tigre, más soberano, mucho más soberano y majestuoso que la casa, nos incita a compartir su prisión verbal, con juegos de inminencias, de definiciones y destrozos. La casa, arrinconada, representa al hombre, al cuerpo, a cualquier habitación humana, al tigre mismo en acecho. (Esta última imagen, primordial en *El tigre*, permanece aún 9 años más tarde en *Caza mayor*, donde explícitamente el tigre es la muerte que devora al tigre):

> Pero la bestia, lo que se avecina
> es demasiado grande
> —el tigre de los tigres.
> Es la muerte
> y el gran tigre es la presa.

Dentro de la literatura en español Borges ha manejado símbolos parecidos en torno al tigre —sobre todo como imagen del tiempo que nos devasta—, pero en Lizalde el tigre se convierte en casi el único hilo conductor, la obsesión de toda una obra. Entendemos que con *La zorra enferma* Lizalde tomó la decisión de alejarse de la tensión poética que se había impuesto para escribir *El tigre en la casa*, y prosificar, aventurar nuevas formas y temas —el ensayo, incluso, ocupa alguna de las partes del volumen—, sin el efecto estético conseguido en la publicación anterior. Es admirable cómo el lenguaje de la universalidad dentro de la particularidad (el *Ulysses* de Joyce, aludido en las siguientes líneas, sería el mejor ejemplo) puede convertirse en el lenguaje de un rencoroso rechazo a la universalidad en Eduardo Lizalde:

> Todo chofer de taxi,
> todo camionero
> resulta así un Ulisis.

El fracaso, aquí, del lenguaje —tan cercano en apariencia al desenfado de la prosa en el novelista irlandés— es el producto de una interpretación incompleta del quehacer joyciano, que rescata la inanidad de lo cotidiano por medio de vetas y tradiciones subterráneas. La negación preconcebida de la universalidad y de su búsqueda es uno de los temas recurrentes en la literatura europea, un necesario momento cuyo tratamiento ha variado de escritor a escritor. Quizá a esto alude Lizalde en el poema "Oscuridad", de *La zorra enferma*:

> La oscuridad sería un objeto innecesario
> en otro caso.
> Pero la luz es ciega.

El símbolo de la luz, que recorre la historia entera de la poesía, es tratado en este poema con un malhumor que apenas permite una aprehensión lejana, una muy lejana fulguración: la luz no es un objeto, no puede mirarse a sí misma, ni medir sus propias consecuencias; en este poema, Lizalde justifica el lenguaje de la oscuridad desde una ambigua penumbra, bajo el espejismo de una realidad ante la cual no se nos ofrece ninguna respuesta, ninguna representación. En este libro la voluntad artística ha cedido ante la aparente profundidad de ciertas ideas; aunque en el contenido prevalece una intención dialéctica, ésta se ve abandonada en la forma, subordinada al malhumor.

Los trabajos de prosificación de símbolos, conceptos y emociones tienen matices innumerables en la obra de Lizalde (conceptualizamos con el vocablo 'prosificación' una tendencia que cuenta en cada poema y en cada uno de sus libros con ramificaciones y particularidades ajenos al verso). Lizalde aprovecha los giros más coloquiales a fin de expresar una cercanía, una atmósfera de familiaridad. Sin embargo, esta mencionada renuncia a la universalidad no excluye en él un manejo de la dorada y esplendente retórica del idioma español, de los temas donde el amor, confundido con el mundo, se desploma con el mundo:

> Que nada quede, amigos,
> de estos mares de amor,
> de estas verduras pobres de las eras.

El efecto que consigue su deliberado prosaísmo es de destrucción, también, de la estructura del verso tradicional: la medida de sus versos es variable, así como sus apoyos rítmicos. Es curioso observar a propósito de esto que la amistad de Lizalde con la poesía de Rubén Bonifaz Nuño (quien ha manejado con singular precisión el uso de los encabalgamientos) y de Jaime Sabines (cuya poesía se sustenta principalmente en la métrica española de heptasílabos y endecasílabos), ambas aludidas en dedicatorias e incluso dentro de algunos poemas, sólo se ve inconstantemente influyendo en la técnica poética de Lizalde. Es verdad que en este sentido sus versos resultan consecuentes con su propia actitud de desenfado, a la cual no corresponderían las exactitudes métricas; esta manera de cortar las líneas —olvidando por ejemplo la sorpresa que puede alcanzar en la lectura el encabalgamiento— es otra manera también de conseguir algunos efectos sorpresivos, por ejemplo visuales, pero el lector ha de buscar dos o tres líneas para construir mentalmente un verso; porque, otras veces, un "verso" está formado por una sola palabra. La presentación aparentemente versicular es prosa, en esencia y en cadencia, repetidas veces. Así descubrimos a un poeta que ha renunciado a la poesía, un escritor cuyos atributos deberán buscarse en las reflexiones, dentro de las expresiones utilizadas, no en la consecución de éstas dentro de un cuidado discurso poético. Esta paradoja queda resuelta en el ánimo del lector cuando piensa en los cambios habidos dentro de nuestra poesía —a partir de nuestros escasos y modestos poetas románticos hasta lo que ha transcurrido del presente siglo—, donde se ha operado una especie de inversión de la fórmula becqueriana: podrá haber poetas, pero ya no habrá poesía.

En 1977, Lizalde seleccionó para la Reunión de Poetas de Minería un par de poemas que ya no insisten en la presencia del tigre como argumento poético. El primero de ellos, "Para una reestructura de Acuña", recoge uno de los mitos y tabúes de la poesía en México, el poeta sentimental, tardíamente romántico, el cursi suicida más leído por las clases medias y semiletradas del país. Su "Nocturno a Rosario" tiene uno de los comienzos más famosos de nuestra poesía, no obstante su prosaísmo. Los dos monosílabos iniciales esconden una música de tragicomedia que supo recoger el director de *In memoriam*, espectáculo en honor de Manuel Acuña presentado en el Teatro de la UNAM, y que Lizalde ha alterado con sequedades y nuevos prosaísmos:

> Pues bien
> no necesito decírtelo (…)

Conservada como referencia la línea inicial, rompe a partir de la segunda con el ritmo, la medida y la melodramática urgencia del original. Instaura una negación, un sobreentendido antes inexistente. Maneja con libertad el léxico moderno al lado del vocabulario tantas veces litúrgico del siglo anterior. Utiliza los guiones, las frases circunstanciales, las aclaraciones, para impedirse caer en la cadencia del original, tan trillada, desde el momento en que fue escrito. Aun así puede pensarse en este poema como en un intento de recobrar la atmósfera del romanticismo mexicano, que, escrito ahora, será, explícitamente, una parodia. ¿Cuánto gana y cuánto pierde Acuña con esta "Reestructura"? El repetido discurso, tan acostumbrado en nuestra literatura, aporta en este caso una renovación, un rejuvenecimiento del mito poco envidiable de Acuña, a cambio de la destrucción casi hilarante de los moldes y de las intenciones del "Nocturno". El segundo poema presentado en el Palacio de Minería —editado por la UNAM junto con los demás poetas participantes en la Colección Material de Lectura—, es "Doppelganger" (El doble), que recoge una vieja tradición germana:

> Tú, fantasma,
> mi propio espectro,
> nada puedes contra mí (…)

Frente al espejo de los gastados años, el poeta busca la disociación, el divorcio de su propia imagen, hastiado de mirar en ella a la conciencia de los horrores de su propia vida. En un proceso de separación que ha abarcado a sus amores, su espíritu y su cuerpo, Lizalde termina por desligarse de su propio espejo, en el límite de la vida animal y de la muerte:

> para que con los años te vuelvas algo vivo
> al menos uan bestia pacífica y bobina (…)

Cuando el poeta ha alcanzado ese tipo de intensidad, de enfrentamiento consigo mismo, ¿por qué lanzar su vieja protesta contra el mundo mutilándose entre risas contra sí mismo?, ¿para qué, ahora, este pausado destazamiento en el que el poeta se ha gozado durante tantos años?

Caza mayor, aparecido posteriormente, es un libro de mayor alcance, donde se ha depurado el tigre, se ha alcanzado una mejor ejecución, se han encontrado razonamientos mucho más agudos, mejores contrastes (el mayor recurso dentro de sus libros), que hacen recordar los mejores poemas, como el siguiente fragmento, de *El tigre en la casa:*

> ¡Qué llagas verdes
> bajo las pulpas húmedas
> de su piel de esmeralda!
> ¡Qué despreciable perra puede ser ésta,
> si de veras me ama!

No podemos decir, como se ha dicho también de *El tigre,* que este último libro sea un solo poema, pensamos que más bien se trata en ambos de la consecución de obsesiones e ideas que se conducen en un único tema; a partir de la devastación que personifica el tigre, la mujer, como una de las referencias más constantes, ocupa un sitio tan primordial como el tigre, junto a las comparaciones ("La perra más inmunda/ es noble lirio junto a ella"), lo grotesco ("para aguantarse a cuerno limpio"), el gigantismo ("grandes hetairas, que pequeñas sois junto a ella!/ qué despreciables, qué puras"), el dolor ("¿Qué dolor dolerá/ si ella no duele?"), o junto al acento casi bíblico de esta ironía:

> como de costumbre,
> pero la fornicación será tortura. (...)

Los textos de Lizalde que poseen una factura impecable son precisamente aquellos en que maneja conceptos ajenos a la poesía misma. Esta obsesión por aludir al oficio poético dentro del propio poema es otro de los temas que pueblan toda su obra y que quizá debieron haber sido manejados como prosa crítica. El mejor poeta lo encontramos en el instante en que se olvida del oficio, cuando sencillamente lo ejecuta, cuando camina hacia la duda, hacia el encuentro de la secreta y personal sintaxis de cada poema:

> De dónde leña ha de tomar
> el hacha
> si a cada tajo
> el árbol vuelve a la semilla.

Un profeta del origen y la luz parece anunciarse en estos versos de *Caza mayor*. (Pero si *La zorra enferma* se hubiera escrito en tiempos de Gomorra, sus habitantes no habrían necesitado introducirse plumas de halcón en las gargantas, pues así, como en este libro, han sido por siempre la náusea y el desprecio voluptuosos). De este modo es la poesía de Eduardo Lizalde: es una vieja nostalgia de los dioses, y es también una intermitente evocación de los cuerpos amorosos:

> Tal vez aquí, junto al umbral,
> más bien adentro de la casa, en el pasillo,
> y no, más cerca, en este cuarto donde moríamos
>   juntos (...)
> Más cerca aún, junto a mi cuerpo.

Dolores M. Koch

MARCO ANTONIO MONTES DE OCA: SIEMPRE EL ESPLENDOR

Rara vez y sólo en breves ocasiones se reúnen en un mismo poeta un sentimiento profundo y luminoso de la poesía acoplado a un impresionante señorío del lenguaje y de las imágenes. Cuando esto sucede, el resultado pertenece a la poesía en sus mejores momentos: como acto de conocimiento. *Comparecencias* (1982), de Marco Antonio Montes de Oca, representa esa feliz coyuntura. La obra de Montes de Oca, como lo hiciera la de José Lezama Lima en Cuba, irrumpe entre sus contemporáneos insólita y opulenta, casi gongoriana. Para Montes de Oca, como para Lezama, la poesía es contradicción y júbilo, exorcismo y canto, mutación y movimiento.

Pocos poetas de su generación pueden manejar la imagen con la libertad de Montes de Oca —o con la misma energía. Su riqueza imaginativa convierte a veces en un poema lo que otro poeta extendería fácilmente a todo un poemario. Es por este motivo una obra de relecturas. En *Comparecencias* el poeta logra lo que parece un contrasentido: un mayor dominio sobre la imagen y, al mismo tiempo, una apertura que lo hace aparecer más vulnerable. No quiere esto decir que su palabra haya perdido el acostumbrado recato: todavía rehuye el tono confesional y la anécdota. Sigue aprovechando su exuberancia imaginativa para inventar recursos que preserven su intimidad asediada, al igual que hacía cuando era niño. (1)

---

(1) Marco Antonio Montes de Oca, "Prólogo autobiográfico", *Poesía reunida (1953-1970)*, (México: Fondo de Cultura Económica, 1971), p. 12.

Montes de Oca ha sido un innovador, siempre algo rebelde, de la poesía mexicana. En sus años de primera juventud, mientras a sus compañeros rendían culto a Juan Ramón Jiménez, él prefería Bécquer. Más tarde, se unió a un grupo que intentó iniciar teoréticamente una nueva forma de escritura: el poeticismo. Este pequeño grupo, encabezado por Enrique González Rojo, sostenía que la valoración de un poema dependía de ciertas cualidades específicas: Había de ser complejo, original y claro. Pero sus resultados, relata Montes de Oca, fueron a veces "abigarrados e ilegibles". Y añade que el poeticismo —y esto indudablemente ha tenido impacto en su formación— aspiraba a formular un complejo instrumental creativo por medio de un estudio agotador que descubriera las leyes fijas que gobiernan y producen el infinito número de imágenes y metáforas posibles. (2) Para la época en que publica su primer libro, ya el grupo se ha disuelto.

Montes de Oca siente la urgencia de liberarse de todas las tradiciones, esto es, ni siquiera inventa una para uso propio. Busca el conjuro de una voz inconfundible para la poesía a un nivel artístico intocado por ninguna otra disciplina. Aspira a una alquimia trascendente de pura comunicación estética en lugar de la mera liberación de algún escozor interior o vivencia cotidiana. Su búsqueda incansable le ha llevado a una serie de experimentos poéticos y a una producción considerable.

Apasionado por el mundo y la mujer, por el lenguaje y, ante todo, por la poesía, Montes de Oca despliega una incandescencia casi romántica. El clasicismo, la mesura, le son ajenos. En el periodo que comprende los poemarios de *Comparecencias* quizás logra su mejor balance. En su obra pueden seguirse tres etapas de desarrollo, culminada cada una por la publicación de un volumen antológico. El primero, *Delante de la luz cantan los pájaros* (1959), ofrece una selección de su producción juvenil. Le sobreviene después una crisis en la que hasta llega a abandonar la poesía, firme en su resolución de no volcar sus tristezas *en las solapas del lector.* Por expresa volición, desea que su obra sea luminosa y optimista: *Canto hasta donde me alcanza la voz / sigo cantando hasta que mi largo perjurio / acierta a ser otra vez un*

---

(2) Ibid., p. 24.

juramento. (3) Cuando logra soterrar su pena, nace *Cantos al sol que no se alcanza* (1961): *Mi amor cede su grito rojo y calla / como fuego bajo el agua* ("Flecha de luz"). Esta es una actitud que le acompañará durante mucho tiempo. El poeta rehuye todo lo que "peligrosamente" se acerque a la anécdota personal, transformándola en trayectoria espiritual. Aun en los momentos de crisis, sólo llega a decir:

> Pero no estoy triste, sólo un poco fatigado,
> porque la vida no hace nunca lo que quiero,
> no estoy fatigado, sólo un poco triste
> por decorar con exceso
> vasijas de espuma y peceras que se rompen.
> ("Callejón con salida al sueño")

El mundo ha de ser siempre la materia maleable a su alcance. Si al hombre le faltó vocación para nacer, al poeta no le falta para transformar el vacío en fiesta infinita. Después de superar la crisis con este volumen, su energía se desborda en siete poemarios durante los próximos siete años. Esta segunda etapa, quizás la más productiva, representa una poesía joven y plena, elaborada mayormente antes de los treinta y cinco años. Recoge entonces estos poemarios, junto con su producción anterior, y los publica con el título de *Poesía reunida (1953-1970)* (Fondo de Cultura Económica, 1971).

Para Montes de Oca, poesía es desventrar la eterna piñata, *repartir la riqueza, despedazar la nube en palomas incontables.*(4) Esta auténtica efusión lírica ha traído al poeta algunas críticas. Su obra es demasiado anticovencional y exhuberante para el probervial recato mexicano. Emmanuel Carballo, por ejemplo, comenta en 1967: "Estas imágenes y metáforas se insubordinan y rompen la arquitectura del poema: no cooperan al desarrollo del asunto, son objetos con vida bella e independiente". (5)A pesar de las preocu-

---

(3) "Mi voz", *Ofrendas y epitafios,* 1959. También en *PR,* p. 312.

(4) "Tremendo misterio", *Las fuentes legendarias,* 1966. También en *PR,* p. 385.

(5) Emmanuel Carballo, "Prólogo", *Marco Antonio Montes de Oca* (México: Empresas Editoriales S.A., 1967), p. 6.

paciones trascendentes del poeta, en su incesante chisporrotear, la brillantez de su visión fija la unidad del poema en la complejidad de enfoques, que a veces no pasan de efímeras incandescencias, produciendo un efecto caleidoscópico. Este estilo fragmentario puede apreciarse aun en sus poemas largos. Durante esta etapa Montes de Oca dedica a la amada un poema largo, antológico. Ella es, indudablemente, un punto luminoso en su vida. El poema está compuesto de imágenes de luz que la representan en todas las formas imaginables: *arena adiamantada, rescoldos parpadeantes, luces de bengala, vigilia enllamarada, gajo de luna, oro molido, cuarto iluminado, pinar fosforescente, llama encarnada, tarascada de relámpago.* En fin, es una poesía donde nunca se pone el sol. El título del poema descubre el método: "Bajo la tórrida ceremonia sin eclipse" *(Fundación del entusiasmo,* (1963).

En una bella correspondencia entre estructura y tema, esa aparente cualidad fragmentaria de caleidoscopio entra a formar parte del poema mismo, como tema, y da motivo a otras interesantes imágenes.

> Volverás y yo te recibiré
> Como recibe el avaro
> Una pluma y otra pluma hasta completar un águila
> Rombo tras rombo hasta vestir un arlequín
> Sueño tras sueño hasta inventar la vida.

Voluble y alucinada su palabra *incauta delirios sueltos* ("Brujo equivocado"). Siempre contra el lugar común, el poeta deja que sus palabras conserven cierta independencia de la lógica común, ofreciendo por la mera contigüedad, y su poder de alusión, insospechadas sugerencias. La verdadera médula de su verso es la poesía misma, a la que ve como mágica alquimia que burla la realidad o tapa la nada.

Montes de Oca se complace en la riqueza y variedad de unas imágenes casi barrocas. Puede lograrlas con gran economía de palabras y se mueve como *Machete partido por cualquier culebra* ("Pedid el fuego" p. 331). La búsqueda de originalidad no le lleva al hermetismo. Tomando cualquier página al azar pueden encontrarse imágenes como ésta: *Con un pie en el estribo del cometa /*

126

Destruyo el mapa de la felicidad / *Punteado y sujeto con las cabecitas rojas de tus besos* (p. 118). Algunas imágenes son breves y sencillas, como la "hidra del insomnio" o "globos de colores niños". A pesar de lindar en ocasiones con el surrealismo o quizás más exactamente con el creacionismo huidobriano —Montes de Oca rechaza el automatismo y la oscuridad. La imagen que favorece ha de ser lógica. Cuando en el prólogo autobigráfico comenta este aspecto de su poética, ofrece como ejemplo una imagen de su gusto: *La hierba piensa desde su cráneo de rocío* (p. 37).

Como el picaflor, con el cual el poeta se identifica, su palabra rara vez se posa, demasiado ávida. Su capacidad para encontrar entre elementos contrarios "el vínculo insólito", y de "hallar sus materiales poéticos así en la altura como en el subsuelo, es sólo comparable a la de Octavio Paz", proponen los editores de *Poesía en movimiento*. (6) Esa lírica búsqueda de esencias es la que quizás le lleva al haiku, donde la imagen se engarza aislada en un espacio que permite la expresión de un sentimiento poético puro y la admiración meditativa. Ya en *Cantos al sol que no se alcanza* Montes de Oca había ensayado algunos poemas muy breves, de dos o tres versos, pero no es hasta *Pedir el fuego*, la última entrega de esta segunda etapa, que experimenta con formas breves similares al haiku. Aunque logra algunos aciertos (*Lágrima* / *Isla de agua* / *En la noche inmensa*. Y, *Tuerca de colores* / *Gira la rosa* / *Y se afirma en lo inseguro*.), su impetuosidad imaginativa no se halla cómoda en tan constringido espacio.

En *Poesía reunida* el poeta continúa con experimentos rítmicos y sintácticos. Una de las novedades es la incursión en el poema en prosa de *Las fuentes legendarias* (1966). El poema en prosa le ofrece la ventaja de permitir el desborde de su torrente imaginativo de un verso a otro, sin interrupción, y de poder dar rienda suelta así "a su espumante labio", para usar sus propias palabras.

---

(6) Véase la nota introductoria a la breve antología de los poemas de Montes de Oca en *Poesía en movimiento, México 1915-1966*, con selección y notas de Octavio Paz, Alí Chumacero, José Emilio Pacheco y Homero Aridjis (Siglo Veintiuno, 1967), p. 123. En la nota preliminar, Octavio Paz señala a Montes de Oca como el iniciador de la nueva poesía y uno de los cuatro poetas más destacados de su generación. Los otros tres son Gabriel Zaid, Homero Aridjis, y José Emilio Pacheco (p. 26).

Reitera frecuentemente su desacato a la tradición: *Sigo a pie, dejo atrás el tapete de huellas tejido por otros buscadores de copal fosforecente*. Otra innovación es la presentación del volumen. Los poemas en *Poesía reunida* aparecen por orden alfabético. Su identificación se hace posible por medio de un símbolo del sodíaco para cada uno de los doce poemarios escogidos. En consecuencia, no puede seguirse fácilmente la trayectoria espiritual del poeta durante este periodo. Cabe suponer que el poeta sugiere de este modo que la unicidad de su visión es tal que no importa el orden en que se presenten los poemas, pero esta organización resulta demasiado arbitraria. La experimentación característica de esta etapa llega a su máxima expresión en los poemas concretos e ideográficos de *Lugares donde el espacio cicatriza* (974).

En busca de la expresión auténtica y en rechazo de las convenciones tanto ideológicas como retóricas, Montes de Oca continúa en cierto modo la tradición de ruptura iniciada por Ramón López Velarde y José Juan Tablada. No puede negarse que Tablada se adelantó a su tiempo escribiendo poemas ideográficos casi al mismo tiempo que Apollinaire, y dando alas propias a la metáfora antes que los ultraístas. Es interesante que después de más de cincuenta años de la publicación de *Li-Po y otros poemas*, la literatura mexicana encuentre seguidores que quieran llevar más allá, si esto fuera posible, su intención innovadora. En "Casa de espejos" (sin página, pues Montes de Oca no acata aquí la vieja costumbre de paginar) queda reiterado su manifiesto esencial: *Debemos incinerar a los espejismos previos. ¡Que no exista nunca ninguno para siempre poder inventarlos!* (7)

El malestar de Montes de Oca ante la frase desgastada, su actitud hacia el lenguaje y su afán de hacerle expresar algo diferente, converge en cierto modo con la actitud de Julio Cortázar, escritor muy diferente, cuando dice:

> Este idioma brutalmente virgen
> y no catequizado…
> Es mi tropa de esquiroles, mi batalla de choque,
> mi sonaja para defenderme de los bieldos,

---

(7) Marco Antonio Montes de Oca, *Lugares donde el espacio cicatriza* (México: Joaquín Mortiz, 1974) s. p.

mi tanque guerrero para cruzar la avenida de los alacranes.
(Cantos al sol que no se alcanza, PR. pág. 244)

A través de toda su obra, Montes de Oca demuestra una gran
confianza en que el tiempo y las relecturas confirmarán la integridad de su palabra y la raíz metafísica de sus metáforas, a veces
oscurecida. La crítica que más desasosiego le causa es la referencia
a su exhuberante imaginativa que no presta atención a su sentido
ontológico. Cuando Empresas Editoriales publica *Marco Antonio
Montes de Oca* (1967) en la serie "Nuevos escritores mexicanos
presentados por sí mismos", el prólogo está a cargo de Emmanuel
Carballo. Entre otros comentarios muy favorables; Carballo lamenta que el poeta no haya convertido sus defectos en virtudes, es
decir, que no haya tratado de encontrar "un teorema que ampare
y proteja su visión del mundo que a ratos parece barroca y a ratos
da la impresión de impremeditada y confusa". Le acusa de "cierta
pereza mental que le impide ordenar con la lógica anárquica de la
poesía su novedosa manera de nobrar el mundo que le rodea"
(pp. 8-9). Comenta el crítico que el poeta rompe voluntariamente
con los convencionalismos. Su palabra es impetuosa y, presidida
por el desenfreno de los sentidos, se haya demsiado lejos de la
proverbial mesura mexicana.

Montes de Oca ha visto la necesidad de defender su estilo en
varias ocasiones. En "Consejos a una niña tímida o en defensa de
su estilo" *(Las fuentes legendarias),* dice así: *Me gusta andarme
por las ramas. No hay mejor camino para llegar a la punta del
árbol... me da náuseas la línea recta; prefiero el buscapiés y su
febril zig-zag enflorado de luces... ¡Al diablo con las ornamenta-
ciones exiguas y las normas de severidad con que las academias
ponen el esplendor del mundo! PR,* p. 119).

Las notas autobiográficas de *Marco Antonio Montes de Oca,*
que incluiría más tarde en *Poesía reunida,* ofrecen al poeta la
mejor opurtunidad de formular su poética en un ejemplar esfuerzo por aclarar su obra. Carballo toca un punto interesante en
su prólogo al referirse al barroquismo. Montes de Oca mismo
incluye unos comentarios de Max Aub al respecto:

> Los poetas mexicanos han sido siempre muy decorativos. Y lo han
> sido, creo yo, como producto de una inseguridad vital y de un exceso

de tiempo que gastan en emperifollar sus versos. La poesía, como los trajes —el de charro, el de china poblana— cada día se recargan más. Este proceso parte de la Colonia y Llega hasta Octavio Paz y Montes de Oca, que es el emperifollado mayor. (8)

El auténtico espíritu lírico y la frecuente genialidad de sus metáforas no pasan desapercibidas. Montes de Oca, en su defensa, aduce que en los monumentos indígenas "el ornato, al no revestir un objeto dado, se instituye en finalidad de sí mismo: el detalle se convierte en esencia por yuxtaposición de los elementos que lo integran". Señala que para los indios, el impulso no es otro que la "consagración del ornato como materia prima de un sentimiento adorativo representativo del mundo". (9) Visto de este modo, la obra de Montes de Oca sigue, además, un proceso natural: la profusión de las flores que distrae de su función en la preñez del fruto en lo que parece un tránsito demasiado oblicuo del capullo a la semilla.

Sería conveniente señalar que este enjuiciamiento de Montes de Oca coloca esa profusión que llamamos barroca dentro de un ámbito originario americano y no de importación europea colonizadora. Este barroquismo no es tanto un estilo literario sino un modo de mirar al mundo. Vienen a la mente unas consideraciones al propósito, ya muy olvidadas, de Leo Spitzer, para quien el lenguaje dislocado del barroco aprovecha la radical inconexión entre el ser y la apariencia. (10) Severo Sarduy, en sus meditaciones más recientes sobre el barroco y el neo-barroco, expone una teoría similar. Para Sarduy la elipsis de Góngora, al igual que la de todo el barroco, es precisamente el soporte esencial de su escritura, descentramiento que se traduce en un derroche de detalles aparentemente inconsecuentes. Sarduy observa la cultura de modo estructuralista, esto es, que tanto los descubrimientos de la ciencia como la expresión de todas las artes convergen en su esencia porque representan una posición filosófica, una manera

---

(8)   Montes de Oca, "Prólogo aubiográfico", op. cit., p. 21.

(9)   Ibid., p. 22.

(10) Leo Zpitzer, *Die Literarisierung des Lebens in Lopes "Dorotea"* (Bon-/Köln: Ludwig Röhrscheid, 932), p. 11

particular de apreciar el mundo. (11) Desde luego, no se trata aquí de encasillar bajo rótulos y etiquetas, sino de añadir algunas perspectivas a las críticas que ha recibido la obra de Montes de Oca y su expresada poética, periferia que se constituye en centro y que no parte, según él, sólo de un afán decorativo. Esta manera particular de ver el mundo sería, desde un punto de vista positivista, sólo aplicable a un momento histórico dado. Pero ya sabemos, como Octavio Paz ha observado, que somos contemporáneos de todos los hombres.

En esta vertiente, Ramón Xirau asocia la obra de Montes de Oca con la de los pitagóricos, quienes pensaron que más allá de las apariencias, hay relaciones secretas y correspondencias entre las cosas. Esta misma línea de pensamiento, va desde las escuelas herméticas, los gnósticos y los cátaros, hasta Poe, Baudelaire y Mallarmé. Señala Xirau que la poesía de Montes de Oca no es hermética. Sus "fábulas de vida interior" son asociaciones de la fantasía "de una subjetividad matizada, variable, inquieta y tercamente lúcida". (12)

Durante los diez años posteriores a *Poesía reunida* Montes de Oca vuelve a aunar varios poemarios en una colección que publica Seix Barral con el título de *Comparecencias (1968-1980)*. El puente entre esta tercera etapa y la anterior es *El corazón de la flauta*, poemario que aparece en los dos volúmenes antológicos. En cambio, sus poemas concretos y *En honor de las palabras* (1979) no quedan incluidos.

Comparecencias es su libro más maduro y entrañable. El verso se ha aligerado hasta el punto de llegar en ocasiones a ser conciso, moldeando siempre el lenguaje con toda libertad como en *(los muros verdiverdes)*. A diferencia de la etapa anterior, se siente la sutil presencia de los límites: *Tu vuelo se reduce / A un suspiro encuadernado / Entre las dos alas* (p. 79). (13)

---

(11)   Véase Severo Sarduy *Barroco* (Buenos Aires: Sudamerica, 1974), p. 65.

(12)   Ramón Xirau, *Mito y poesía* (México: UNAM. 1971), p. 169.

(13)   Parece cumplirse parcialmente el deseo de Octavio Paz cuando dice "Montes de Oca debería conocer un límite y Pacheco romper los suyos" *Poesía en movimiento*, p. 27.

La poesía es para Montes de Oca tan vital como la vida misma: *La carne es el papel, / La escritura es el relámpago* (p. 148). Sólo existe una continuidad entre poesía y vida, vida y muerte, y el secreto que las anima. La poesía es medio de conocimiento:

> Mas yo sé el sitio en que brilla la nuez de la vida
> Raspándola un poco me daré cuenta de su blancura
> Y su blancura dará cuenta de mí (p. 139).

Si la realidad está siempre más allá, Montes de Oca revela en su poesía, como sugiere Octavio Paz en la poética presentación al volumen, una "busqueda de las fuentes del canto, peregrinación hacia las raíces del árbol que habla, el corazón de la flauta... (un) conjurar a la realidad para que al fin encarne en unas cuantas palabras.. Una poesía hecha no de mesura sino de súbitas revelaciones" (p. 6). Para Ramón Xirau, en el inteligente prológo, Montes de Oca es el más imaginativo de los nuevos poetas mexicanos, deslumbrante en la metáfora, creador de una épica interior y capaz de tiernos versos de amor sin ninguna sensiblería, todo iluminado con una claridad misteriosa e interrogativa. (14)

¡ncesante en la experimentación, el poeta reconoce el poder del lenguaje. Ni lo considera un instrumento pobre, como otros poetas, ni se siente impotente ante él: *Esa misma palabra que tanto he turturado / Y que no dejaré ir / Hasta que diga todo cuanto sabe* (p. 46).

En esta etapa se percibe un claro cambio. Los poemas dejan escapar una amargura irónica ausente en la obra anterior. Como observa Ulalume González de León, "el infeliz frecuentador de abismos parece no fiarse ya del todo de su paracaídas de imágenes espléndidas". (15)

Los dos primeros poemarios de *Comparecencias* están todavía llenos de ese fervor y optimismo que Montes de Oca se propuso desde el principio como programa poético. *El corazón de la flauta*

---

(14) Véase Ramón Xirau en el prólogo a *Comparecencia* (Barcelona/Caracas-/México: Seix-Barral, 1981), pp. 7-12.

(15) Ulalume González de León, "Montes de Oca: un balance", *Vuelta* 17 (abril 1978), 27.

(1968) es una letanía a los dones del amor (o de la poesía, ya que no hay distinción para este poeta) que han de prevalecer siempre *Pues hay rescoldos de terquedad extraña / Gordianos nudos de luz que ninguna espada parte / ... Nada rompe tu columna de pétalos vertebrales* (p. 19). Este amor le permite la gracia de yacer en su propio cuerpo y estar listo a escaparse de él, desechar sus propios poemas si no son verdaderamente sinceros, ser *quien jamás enarbole el corazón / a ambos lados de la camiseta* (p. 19).

Soy todo lo que miro (publicado en 1973 con el título de *Astillas*), reaparece aquí con sus ricas imágenes como si fuera un cofre lleno de joyas deslumbrantes. El siguiente poemario, *Se llama como quieras* (1974), consta de piezas muy breves, más amorosas, más desencantadas, más juguetonas. La carencia de anécdota se explica claramente: *nada para la novia ni la amada, / sólo para las flores mismas* (p. 80). En *Las constelaciones secretas* (1976) el poeta rinde homenaje a otras figuras. Aquí no hay secreto, ya los títulos así lo sugieren: "Versos con una cita de Marco Aurelio" y "Yo también hablo de Yorick", por ejemplo. Este último poema es una reafirmación de su entrega total a la poesía: *Antes de que la tarde doble mis pendones / Quiero ver si el picaflor / Se sostiene sobre mi palabra*. La actitud optimista todavía se impone, aunque volitivamente y con alguna resistencia: *Por eso / Por tantas promesas en que creo / Sólo por ser promesas, / No creo oportuno / Cambiar de infierno* (p. 127).

El tema de la muerte es un tema constante, no como antítesis de la vida, sino como una continuidad que haya vigencia en la poesía. La total entrega del poeta, siempre lúcido, no le aleja de la realidad En *Poemas de convalecencia*, inéditos hasta este volumen, se pregunta: *mi combustión / mi espera de espumosa turbulencia / ¿cambiará el pañal del signo...?* (p. 154). Aceptando su propio fin y su propia insignificancia, lo único que le queda es el canto.

El prológo de André Pieyre de Mandiargues a *Sistemas de buceo*, la última entrega de esta colección, coloca a Montes de Oca junto a "les Grands supérieurs" entre menciones de Novalis y Poe, Chirico y Borges. El poeta abandona aquí el verso en favor de la prosa poética. *(Ya del poema bebí cuanto convenía*, p. 240). Se acentúa entonces un sabor amargo, irónico, rubricando cada poema en prosa, particularmente perceptible en "Salón de clases" y "Ningún oficio me convence".

En *Comparecencias* queda confirmado el alcance, en su esplendor, de la obra de Marco Antonio Montes de Oca, insumiso arrebatador del fuego que acaba por confesar su propia impotencia: *Aquí me tienes dándole vueltas a una flor que no se abre, enojado con el rayo que quise guardar y sólo he quemado los bordes de mi pañuelo* (p. 241).

Ramón Xirau

LOS "PLAGIOS"
DE ULALUME GONZÁLEZ DE LEÓN

Un poeta no se conoce únicamente por aquello que dice: los grandes "temas" han sido siempre permanentes, de Ovidio a Baudelaire, de Ronsard a Góngora o a Jorge Guillén. Lo que distingue a un poeta de otro es, sin duda, su obsesión personal, su modo de ver a gente y mundo, su modo de ver y de verse. Pero importa también, de manera radical, tratar de precisar cómo el poeta dice lo que dice. Un solo ejemplo: entre *Marinero en tierra* de Rafael Alberti y las *Canciones para cantar en las barcas* de José Gorostiza hay diferencias en cuanto a la manera de contemplar el mundo; no las hay menos en el como —estilo, modalidad, modulación— con que ven el mundo.

Lo anterior viene al caso de manera especial en la poesía de Ulalume González de León: tanto en *Plagio* (1973) como en *Plagio II*.

¿Qué hay en el decir poético de Ulalume González de León? La respuesta no es fácil. Empiezo por lo que en ella no hay. No hay sentimentalismo, no hay romanticismos fáciles, no hay cierta sensiblería que a veces se encuentra en poetas —mujeres y hombres— de nuestra lengua.

Si algunas palabras pueden empezar a aclarar la obra de Ulalume creo que, entre otras, podrían ser las siguientes: rigor, economía verbal dentro de un universo verbalmente complejo, métrica y medidas muy rigurosas a pesar de las apariencias, exactitud, pasión, juego, duda de un vivir el tiempo que es —el *tú* y el *yo* muchas veces se identifican— vivir nuestro tiempo. Juego, en efecto, lo cual significa ironía, hipótesis, interrogaciones.

Escritos al hilo de su vida —de su imaginación, de sus recuerdos variables y variados, de la "realidad", del sueño— los poemas de Ulalume son puntuales y matizados. Mejor dicho: son, a la vez, exactísimos y matizados, claridad y modulación nada fáciles de aunar y conjugar.

No vea el lector en este ensayo un análisis de todos los aspectos de esta poesía. Vea en él más bien su incitación a la lectura. Antes de pasar a esta incitación, un breve paréntesis. Escribía Montaigne irónicamente —es decir con conocimiento e ironía— "nous nous entre-commentons". Ulalume escribe irónicamente —es decir— con conocimiento de causa y también con ironía: "Todo es plagio. Todo ha sido ya dicho". En este punto hay que desmentirla: no todo se ha dicho puesto que lo que ella dice no ha sido dicho antes del todo o, mejor, no ha sido pronunciado por otros poetas de manera igual. Así el plagio es siempre un no-plagio: una verdadera "invención". Invención, en efecto, palabra que está presente en toda la obra de Ulalume.

Paso así a algunos puntos que me parecen fundamentales en *Plagio* y también en *Plagio II,* libro este último que acaso remita de manera más directa y apasionada a la realidad —sueños, ausencias, memoria, imaginación— pero que no alteran la visión del mundo de Ulalume. De un libro a otro cambia a veces el modo de decir; no, necesariamente, lo que el poeta dice.

Acaso lo primero que llame la atención del lector sean las metáforas muy típicas de Ulalume González de León. a veces, sobre todo en el primer Plagio, relacionadas con términos científicos; a veces, con ironía, con pensadores, lógicos, matemáticos, a veces con "temas" filosóficos ironizados. Estamos en el dominio del juego. Así escribe Ulalume acerca de *Aquiles y la Tortuga:*

> Pero Cantor, Bolzano, Weierstrass rehabi-
> litaron para siempre al héroe. Otra ver-
> sión (no menos conocida) asegura que éste
> no alcanzó a la Tortuga porque el tendón
> de Aquiles se torció en la carrera.

Ciertamente, se trata más aquí de una descripción o de un comentario que de una serie metáforica. Veamos el procedimiento similar, más claramente metaforizado, en estos versos nuevamente irónicos y nuevamente serios:

Leo en la oscuridad
tu cuerpo Braille
Me parece imposible
separar fondo y forma.

En *Plagio II* abundan los juegos, las adivinanzas, las "Nonsense rhymes" de la tradición inglesa. Juego y seriedad. Valga de ejemplo esta adivinanza de doble solución —común y corriente la primera, inventada por Ulalume la segunda:

Para bailar me pongo la capa,
porque sin capa no puedo bailar.
Para bailar me quito la capa,
porque con capa no puedo bailar
(Solución: *El trompo y el cordel* - 1938)

Para bailar me pongo la capa,
porque sin capa no puedo bailar.
Para bailar me quito la capa,
porque con capa no puedo bailar
(Solución: *El poema y la mente* - 1974)

¿Cómo leer la solución de la segunda adivinanza? Así: para bailar, dice el poema, me pongo la capa, es decir la vigilancia del pensamiento; dice también al quitarse la capa que al bailar el poema, estamos más allá del pensamiento, más allá de la vigilancia intelectual. Poetizar es jugar, en efecto, pero es jugar con intención —a sabiendas— como lo supo Huitzinga de que el hombre es *homo ludens* tanto en sus alegrías como en sus miserias.

Todo se ha dicho. Por ejemplo, que la palabra es indecible. Pero no todo se ha dicho de la misma manera y hay nuevas maneras de remitirnos a la inefabilidad de la palabra. Así en este hermoso juego serio:

Pronunciada palabra
tan sola
tan desnuda;
regrésate a vestirte de indecible.

Ulalume González de León inventa un mundo. En una canción que recuerda a Jorge Guillén —y a Emilio Prados a quien Ulalume no había leído— nos dice:

137

> Inventando que vivo
> en palabras me pierdo
> ¿Dónde empieza mi vida?
> ¿Dónde acaba mi cuento?

Inventar el mundo es crearlo; es también vivirlo en la imaginación, en la "realidad", en los sueños, / en la memoria.

De ahí tres obsesiones complementarias: la del tiempo, la de la relación —o ausencia de ella— con los otros; la de la inversión —o conversión— de lo anterior y lo exterior; todo ello para terminar siempre en una exactísima y variada gama de visiones mágicas que llevan por nombre: poesía.

El tiempo pude ser movilidad pura de pájaro:

> Más canto que cuerpo
> Más vuelo que tiempo
> No cabe en sí mismo
> Ni en todos los días

Pero el tiempo es más asunto personal y vital que movimiento. Es recuerdo-memoria; es totalidad de la vida.

La memoria parece desempeñar una doble función en la poesía de Ulalume. Por una parte —y con frecuencia— las deformaciones y modificaciones de nuestro recordar; por otra parte, a la presencia del pasado gracias a la memoria. Ejemplo del primer caso, en *Cuarto en dos emisferios* de *Plagio II*. Se recuerda un cuarto pero "acaso la memoria/ que cambia todo lo que toca" quede congelada "en los cristales" y "no quiere devolver el cuarto". Memoria que nos desvía. También memoria que nos guía. Así en *Jardín escrito (Plagio II)* el poeta escribe el jardín que recuerda pero este recuerdo se convierte en el nacimiento mismo de la nueva imagen: "nace otro jardín".

La memoria cambia; mejor, cambia y no cambia:

> la memoria nos cambia de lugar
> sin movernos de nuestros sitios

La memoria —el tiempo— es ausencia; es también presencia; es puntual y, paradójicamente, totalidad de vida:

Si vivo de prestado
mi tiempo es mío al menos
Le respondieron. Todo ajeno o tuyo
sólo dura toda la vida

En *Plagio II* (Otro soneto a una mariposa en el fuego), sabemos que "la llama es mariposa prisionera;/en vísperas de alas y de hogueras;/un día fueron una sola cosa". ¿Ausencia de la llama-mariposa pasajeras? Más bien "Memoria" de haber sido lo mismo y poder "celebrar" la muerte "con luces el origen de tu vida".

Vida originaria; vida una. Ulalume González de León coincide con Jorge Guillén. Dice, con su economía tan excepcional como habitual:

estar es
la única manera de ser.

En esta vida estamos, en esta vida vivimos en relación con los otros. Eros nos preside; pero Eros nos divide y nos aúna. Se funden y se separan el *yo* y el *tú;* se entremezclan: el yo es tú, el tú es yo; *ambos* (título de un poema de *Plagio*) son yo-tú. De ahí que interioridad y exterioridad sean intercambiables; mejor, que sean complementarias en un mundo de dudas y titubeos que solamente salva el *estar*. Todo habrá de morir "lo de fuera y dentro". Pero en el verdadero buscar, en el acto de amor, lo de dentro es también lo de fuera.

Permanencia y paso; también interioridad que es exterioridad; también fuera que es dentro. En pocos poemas se aclara esta doble relación como en *Mariposa amarilla (Plagio II)*. Cito dos versos:

Dentro de la mañana la vida hace ruido
pero ruido adentro hay un espacio de silencio

Podemos penetrar en la mañana, podemos penetrar en el ruido; penetrar es conocer y el conocimiento poético nos dice —desde el otro lado de la realidad visible— que en el corazón de las cosas y de la vida está el silencio.

Muchos son los poetas que nos han hablado del silencio. Hablar del silencio: hablar doblemente paradójico puesto que el silencio no puede ser dicho y puesto que el silencio está en el centro mismo de la palabra.

La palabra regresa a vestirse de "indecible". Y esto, lo no decible, es precisamente lo esencial; aquello que solamente puede sugerirnos la contraposición dentro-fuera en un mundo donde existen los contrarios sin que siempre acaben de poder pactar.

> Van las criaturas de paso:
> Pasan
> criaturas larguísimas y arrastran
> una cola de suelos
> Exceso derramado
> que busca un nuevo adentro carne afuera

¿Realidad?, ¿día? ¿sueño?. Sueño, día, realidad se funden para que los sueños sean reales, para que la realidad sea soñada:

> Aquí está el día
> Míralo abrirse y cerrarse como un ojo
> creciendo día afuera y sueño adentro.

Ahondemos un poco más en la idea de "plagio". Plagio significa que todos nos plagiamos; plagio significa, para Ulalume, la necesidad de "incitadores" —otros poemas, otros poetas— para construir su propia obra. Pero "plagio" significa, más radicalmente, separación y unidad. Nos plagiamos nosotros; también se plagian las cosas. Irónicamente: "El viento y la palabra no escarmientan"; más exactamenet: "a sí mismo se plagian". El mundo y las personas son hipótesis hechas de plagios, de separaciones y de correspondencias. ¿Qué nos salva si algo nos salva? Delgadamente y firmemente, el amor, el "nuevo orden luminoso". Escribe Ulalume:

> Y así todo el amor
> canje de soledades
> Y así todo el amor
> suma de nadas
> delgadísima prueba de la vida.

He escrito que Ulalume alcanza una verdadera magia poética. La consigue en muchos poemas. En pocos, como en *Contar un cuento*, Ulalume, en efecto, cuenta un cuento pero lo cuenta casi sin contarlo. Se sabe poco del cuento como poco se sabe de la vida en este poema apenas dicho y, a la vez, todo él presencia. Lea el lector el poema, aquel poema del "país de Irás y no volverás". Me limito a tres estrofas especialmente sugerentes:

> Se sabe poco de la reina blanca:
> que habita en silencio sin ventanas
> que habita el castillo de Salsipuedes
> que habita el lugar del frío.

> Se sabe poco de la reina:
> que es completamente blanca
> que ni pensando todas las rosas juntas
> se podría armar un arrebol en sus mejillas
> y que ni con todas las alas de todos los pájaros
> se podría emigrar de su invierno en punto.

Sabemos poco de la reina. Dejemos que hable el final misterioso —no hay otra palabra— del poema:

> Se sabe poco de ella
> Pero no necesitas más para buscarla
> Ni necesitas más para no encontrarla
> y avanzar y alejándote de ella para siempre
> y descubriendo que no dejas huellas sobre la nieve
> y descubriendo cómo pierdes toda prueba de vida.

Sabemos bien poco. Parádojicamente, lo sabemos todo. ¿Qué sabemos? Tal vez que, "delgadísimamente", el estar de nuestra vida —*toda* nuestra vida— es a pesar de dudas, ausencias, alejamientos, delgadísimo amor a su vez prueba delgada y tensa de nuestra vida.

Estamos en esta vida; cuanto nos rodea puede ser, para el poeta incitación.

El plagio es total; tal vez porque no solamente nosotros nos plagiamos sino porque se plagian entre sí las cosas. Tal vez, principalmente, porque en este universo que vivimos e inventamos todo está en relación. ¿Qué hace el poeta? Descubrir relaciones: inventar en el doble sentido de crear y descubrir para descubrirnos:

> el que sueña
> Casa y jardín recupera.

Ivania del Pozo

ISABEL FRAIRE O
LA TRANSPARENCIA DEL LENGUAJE

> así la imagen transparente luz de sol
> se deslumbra a sí misma
>
> *Sólo esta luz*

Son los jóvenes poetas los que nos guían en esta época de ruptura. Isabel Fraire es una de esas nuevas voces que en la constelación del cielo poético mexicano anuncia con claridad y transparencia la reconquista de su pasado, de una niñez reinventada en el lenguaje. A través de imágenes límpidas que no recuerdan ninguna tradición o estilo aspira Isabel Fraire a captar el eje y centro de la poesía: el lenguaje.

Nace Isabel Fraire en la ciudad de México en 1934. Estudia filosofía en la Universidad Autónoma de México; ha traducido a Eliot, Pound, Auden, Cummings y Stevens. Colabora primero en la revista *Katharsis* (1955-1958) en Monterrey, que juntó en un número especial (octubre de 1958) quince de sus poemas; después participa en la segunda época de la *Revista Mexicana de Literatura*. En 1966 aparece en la prestigiosa antología *Poesía en movimiento* (1915-1966).

Tempranamente Octavio Paz había vislumbrado el difícil arte de Isabel Fraire: "Isabel Fraire es Viento. No el que perfora la roca sino el que disemina las semillas, no el ventarrón que multiplica el Trueno sino el aire que aviva la llama. Su poesía es un continuo volar de imágenes que se disipan, reaparecen y vuelven a desaparecer. No imagen en el aire: imágenes de aire. Su claridad es la diafanidad de la atmósfera en la altura". (*Poesía en movimiento*. p. 31).

En 1969 publicó su primer libro, *Sólo esta luz* (México, Era). Recientemente Thomas Hoeksema lo ha traducido al inglés

(Mundus Artium Press, 1975). Debemos también a Thomas Hoeksema un interesante estudio sobre el libro: "Isabel Fraire: El ojo arrobado", *Diálogos*, 1977. En 1977 publica la editorial Joaquín Mortíz su segundo libro, *Poemas en el regazo de la muerte.* Si el primer libro comprende poemas escritos hasta la década de los sesenta, su segundo libro corresponde a los setenta como recuerda la misma autora en el prefacio al libro: "Agradezco a la Fundación Guggenheim la beca que me permitió escribir este libro en un año. Cuando pienso en que mi primer libro fue selección de aproximadamente diez años de trabajo, éste me parece un hecho significativo."

Esta voz femenina representa una obra abierta de alta lucidez imaginativa en la última poesía mexicana. En nuestras sociedades dominadas por la tecnología estamos a punto de perder nuestra relación con el Ser. Son los poetas los que recobran en este momento mágico, que es el Poema, la verdadera escencia del ser que es la Palabra. En esta época tecnológica, cuando todo se pone al servicio de la voluntad se manipula el lenguaje como si fuera cálculo. La poesía resiste revelándonos una dimensión más fundamental del lenguaje. Por eso Isabel Fraire nos advierte: "La mente humana tiene una manera de escaparse ágilmente de todas las redes que se le tienden y barreras que se le imponen, siempre y cuando no se deje mutilar ni por el dogmatismo, ni por la especialización y la educación filotécnica, eficiente, útil al Estado, pero no, en última instancia, al ciudadano en cuanto a ser humano. Es por eso que la poesía es importante, indispensable, quizás, para que el hombre siga siendo ...o comience a ser... humano, en vez de degenerar en robot". (1)

Sólo esta luz

En las últimas décadas se operó un cambio en la literatura mexicana que afectó al verso, la sensibilidad y la imaginación. Los jóvenes, casi todos poetas, buscan plasmar en el poema una realidad verbal, realidad creada por el lenguaje. En este grupo de poetas Isabel Fraire ocupa un lugar central: es una voz femenina

---

(1) Isabel Fraire. *Seis poetas de lengua inglesa* (México: Sep Setentas. 1976). p. 10. Presenta y traduce a Pound, Eliot, Cummings, Stevens, Williams y Auden.

que nos recrea en la página esa realidad invisible que sólo el poeta puede tocar. Su obra es un testimonio de esa búsqueda.

Octavio Paz, uno de los primeros espíritus que exploran esa ruta, encuentra un eco en la obra de Isabel Fraire: "De muchas maneras, la poesía de Isabel Fraire es una reminiscencia de Gorostiza y Paz en la búsqueda de la conciencia pura y del poder de síntesis de la palabra poética, pero de ningún modo es imitativa." (Hoeksema, p. 14).

En 1969, al publicar *Sólo esta luz*, establece definitivamente su importancia en la joven poesía mexicana contemporánea. Este primer libro plantea la transformación de las cosas por la luz, preocupación básica que continúa en *Poemas en el regazo de la muerte*. Ya Thomas Hoeksema ha estudiado este motivo en un documentado estudio en la prestigiosa revista *Diálogos*. Es interesante señalar la tensión que predomina en el libro:

> una poesía dedicada a la luz, una poesía sobre esa zona
> dentro del ojo, un instante del espacio, donde un poder
> luminoso es la única resistencia al vacío y la falta
> de acción; una presencia luminosa cuyo constante se
> equipara con la conciencia del poeta. Es la poesía de
> un espíritu advertido de su propia conciencia. La luz
> funciona en estos poemas como la imagen de un acercamiento
> hacia la conciencia-un espíritu y un ojo vueltos sobre
> sí mismos. (p. 14)

Porque como recuerda Isabel Fraire en una entrvista con Salvador Novo: "La luz es el medio físico por el que las cosas hacen su aparición; es también el instante del espacio, color y tiempo donde las cosas se transforman". (Hoeksema, p. 14).

El título del libro está tomado del poema extenso de José Gorostiza *Muerte sin fin*. En el citado artículo de Hoeksema, Fraire también recuerda su deuda a la obra de Paul Valery. Este primer libro de poesía representa, finalmente, ese afán de transparencia:

> así la imagen transparente luz de sol
> se deslumbra a sí misma (56)

El título de su segundo libro está tomado del libro de e. e. cummings *XL Poems* (1925). Estos versos son de la sección titulada "La Guerra", sección que consta de dos poemas: "earth like a tipsy" y "Humanity i love you". Este segundo poema entrelaza los sentimientos de afecto y disgusto tan evidentes en toda la obra de cummings. El poema es irónico pues comienza con una declaración de amor a la humanidad, pero la alabanza se torna en los últimos cuatro versos en un duro ataque a la sociedad. Son estos versos los que nombran el libro de Fraire. (2)

La coherencia y estructura de su obra dependen de la integración de diversos elementos recurrentes: la naturaleza —pájaros, árboles, el jardín—; sus temores, la búsqueda de un lenguaje común y la obra de arte. Muchos de estos rasgos caracterizadores se encuentran enmarcados en cuatro secciones. Sorprendemos al poeta en el acto de autopercepción, en el proceso del pensamiento, en el acto de creación, al discutir estos motivos.

En la primera parte del libro que se inicia con la cita de William Carlos Williams: "la tierra ha sufrido/ una sutil transformación, alterada su identidad", Isabel Fraire se interna en el bosque verbal de la ciudad moderna para preguntarse el significado último de la naturaleza. Si en los tiempos antiguos el mito sacraliza la naturaleza, confiriéndole nuevos poderes, poderes olvidados por el hombre contemporáneo, en una mitología moderna, el poeta, nos advierte Fraire, nos ofrece una nueva definición del hombre: "el hombre es un animal que hace jardines".

Los jardines han obsesionado a la humanidad desde su inicio, porque reflejan a veces los sueños más absurdos y fantásticos. El jardín es el espacio en que la naturaleza aparece sometida y ordenada. Por eso constituye un símbolo de la conciencia frente a lo inconciente:

> el jardín tiene muros
> o finge no tenerlos

---

(2)   e. e. cummings, *Complete Poems. 1913-1962* (New York: Brace Jovanovich Inc., 1972), p. 204. Véase también la antología de Fraire, pp. 99-100.

> quien tiene muros sabe y acepta que su jardín es un refugio
> que hay que defender
> del oleaje caótico
> imperfecto
> de la realidad circundante
>
> quien no los tiene pretende que su jardín se extiende
> más allá de sus límites... que equivale al universo
> ...que todos pueden entrar en su jardín (23)

Es a su vez un doble del paraíso perdido: "ahora en este limitado jardín que todo lo reduce/ a un hecho simple sin pretensiones/ el Edén es una pasajera concreta realidad (24).

Muchas veces la contamplación de la naturaleza provoca un instante luminoso y sorprendente. En la biografía de Ramakrishna, Christopher Isherwood nos narra cómo al místico hindú le gustaba vagar solitario por los campos y perderse en la naturaleza que lo rodeaba. Ramakrishna nos cuenta como a la edad de seis o siete años tuvo su primera experiencia espiritual mientras caminaba y comía arroz de una cestita: "En el cielo apareció una bella nube negra cargada de lluvia. Observaba la nube mientras comía el arroz, la nube llegó a cubrir casi completamente el cielo. Una bandada de cigüeñas apareció. Eran blancas como la nieve y la nube les servía de fondo. Era tan bello que me quedé absorto en la visión. Entonces, perdí toda conciencia del mundo exterior, caí y el arroz se derramó por la tierra". [3]

Esta visión recuerda el poema de Isabel Fraire:

> pasa
> inesperadamente
> una bandada de pájaros
> negros
> contra el cielo blanco
> describiendo una curva
> levemente ascendente
> desaparecen de mi vista
> al salir del cuadro
> de la ventana
> que limita
> mi concepto del mundo (14)

---

[3] Christopher Isherwood, *Ramakrishna and His Disciples* (New York: Simon and Schuster, 1970), pp. 28-9. Traducción de Gabriel Quevedo.

Hay más de una semejanza entre la poesía y la mística. Ambas son experiencias de algo intenso que intentan darnos conocimientos. El místico realiza una experiencia más orgánica en la pasividad del éxtasis. El poeta, en cambio, obtiene un contacto fugaz con ese nivel incondicionado del alma y construye en palabras un testimonio de ese momento. Por eso, en la última composición, Isabel Fraire nos recuerda: yo veo   vi   veré" (83). Ese momento luminoso se ha perdido y la búsqueda continúa, por eso concluye:

> todo termina y nada se repite
> pero nosotros
> estamos condenados
> a seguir buscando
> una palabra quizás que sobreviva (34-35)

La deuda a Wallace Stevens es evidente en mucha de la obra de Fraire. Por ejemplo en el poema "al principo los árboles no me gustaban" recuerda otros de Stevens, "Dominación de lo negro". (4)

> al principo los árboles no me gustaban
>   eran verdes
>   de un verde parejo
>   y su forma era un óvalo delgado
>   repetido
>   como una serie de brochazos idénticos
> pero luego descubrí
>   abriendo la ventana
>   que el rumor de su follaje
>   es un rumor de olas
>   incesante
> y sus hojas
>   presás de un temblor continuo
> parpadean centellando como lentejuelas (16)

Más tarde, Isabel Fraire nos dirá sobre Wallace Stevens: "eres yo misma y me dices/ quien soy con tus palabras" (75).

---

(4) Wallace Stevens, *The Collected Poems of Wallace Stevens* (New York: Alfred A. Knopf, 1955), pp. 8-9. Sería interesante analizar, en un estudio más extenso, la repercusión de esta lectura sobre la poesía de Fraire. Después de escribir este artículo descubrimos con placer la traducción en *Seis poetas de lengua inglesa*, (pp. 115-6).

Wallace Stevens escribe: "poemas es una naturaleza creada por el poeta y su poesía es un mundo creado por la unión de la realidad y la imaginación a través de la palabra". (*Adagia*, p. 166) Por eso podríamos afirmar al leer a la artista mexicana que su poesía, a la larga, sólo le habla a la imaginación.

El viaje de Fraire por fin conduce a descubrirse y a descubrirnos: introspección, análisis, sueños. Calles, letreros y arquitectura reflejan y duplican la mente humana, sus edificios y sus jardines nos hablan de esa parcela desconocida del hombre: su subconsciente. En la segunda sección que se inicia con una cita de Wallace Stevens se nos habla de los anhelos y temores del poeta:

> "esta ciudad
> te obliga a vivir solo
> sales a caminar
> y
> las calles no acaban nunca
> ni llevan a ninguna parte (38)

El hombre se convierte en un animal desolado que reduce el amor a "signos flechas a órdenes". Por eso la chica que trabaja programando la computadora confiesa:

> de noche
> tengo pesadillas
> en que formo parte de una computadora enorme (45)

De pronto toda esa amargura estalla en el poema "La ciudad luz":

> la detonación fue prodigiosa
> pero las causas no se han aclarado
> quizá se haya debido
> a la acumulación de desesperaciones sin salida
> que tarde o temprano tenían que estallar (49)

La tercera sección se ocupa de desentrañar el lenguaje, que la lleva en la cuarta parte a definir la obra de arte. Momentos todos que apuntan al deseo de aprehender en un lenguaje transparente y luminoso esa experiencia esencial que es el poema:

> en ese momento
> estos verdes
> hablan un lenguaje más claro
> que el humano

Intento por fijar y descifrar la Palabra que le causa ansiedad y la lleva a dudar de la misión del poeta: "a veces me irrita darme cuenta de que escribir está lleno de trampas", pero poco después surge el milagro de la poesía. (64).

Estos poemas sobre el arte revelan una relación entre la vista y el objeto. Isabel Fraire —al igual que el lector— entra en una galería, lee una novela, contempla una catedral, para aprehender la experiencia esencial.

Conclusiones

La realidad de la obra de arte le interesa a Fraire como poeta, precisamente porque como la realidad en otros aspectos, la presiona en su imaginación. De ahí que éste sea uno de los temas más urgentes en su producción.

> como darse cuenta de la realidad
> sin suspender
> el hormigeo insensato
> distrayente
> de los actos
> sin entregarse
> por completo
> a la mirada
> para ver   de veras ver   lo que está ahí (58)

Porque el poeta está condenado a buscar esa palabra que da vida en medio de la nada.

En general, la obra de Isabel Fraire acusa un marcado interés por el acto creador. Su poesía es ante todo exploración y conocimiento a través de un lenguaje transparente "casi Invisible". Intenta descubrir esa realidad circundante en una serie de experiencias que apunta, o bien a la naturaleza, o a la obra de arte.

No hay dudas, sin embargo, de que la obra de Fraire es uno de los intentos más lúcidos y maduros de la última poesía mexicana. Heredera de Gorostiza y Paz, lucha por dejar constancia de esa "revolución permanente" que es la verdadera poesía.

Deslumbrada poesía que aspira a plasmarnos en cada poema la experiencia de la escritura. Escritura que es recreación de una "nueva coherente constelación". La visión entonces adquiere fuerza y movimiento que culmina en los poemas finales de su segundo libro, donde se nos entrega en un lenguaje altamente lúcido el encuentro entre la página en blanco y la palabra. Por eso Isabel Fraire celebra en artistas como Virginia Woolf, Turner, y Stevens esa voluntad de ver el mundo en todo su momentáneo resplandor:

al final de su vida todas las aristas

concreciones

oposiciones

perdieron importancia
convertido su mundo en una sola
luminosa
reverberación (79)

Julio Ortega

UNA NOTA SOBRE *PRACTICA MORTAL* DE GABRIEL ZAID

En la poesía de Gabriel Zaid asistimos a un drama expresivo probablemente fundado por Baudelaire: el encuentro de la lucidez y la alucinación. Un habla poética que genera en la lucidez sin duda actúa como el agudo testimonio del despojamiento; la mirada analítica posee en el lenguaje un instrumento de precisión y, en su extrema pregunta, de desintegración. Pero un habla de la alucinación probablemente supone que el testimonio de la mirada es un lenguaje del espejismo que la abisma. Por eso, el drama poético radica aquí en que la lucidez y la alucinación desnudan y exacerban el objeto mirado, que es dicho (dramáticamente) como una disonancia del lenguaje.

Poesía disonante, la de Zaid nos muestra el espectáculo de un mundo al revés: la realidad no es genuina, parece decirnos, pero su espectáculo desnudado tampoco lo es. La lucidez descubre a la primera mirada un mundo probablemente falsificado, pero la alucinación que nos muestra el otro lado de ese mundo nos abandona en ese espacio del desarraigo. El habla de esa conversación es un idioma disonante: las palabras de la exacerbación, las más hirientes, las más físicas —ese lenguaje que no hace trampas porque acepta a su objeto estridente— son también el espectáculo develado y el trago amargo de esa claridad vacía.

Extraña poesía, que no se concede a sí misma ni siquiera el sosiego de su propia evolución. Quizá porque su primera energía viene de su cuestionamiento de la literatura, de la que se separa con la conciencia casi perversa de estar propiciando su distorsión, su caricatura. Reconoce su propia tradición pero, poesía sin mediaciones, tampoco puede convertir a la conciencia en el espacio sumario (como Quevedo), ni testimoniar ya la agonía de un lenguaje (como Vallejo); y quizá por ello los poemas son solitarios vestigios de una operación que no requiere de la fe del nombre y que trasciende la misma definición de la crítica. Operación que consiste en develar, en revertir: drama de escribir la reducción.

La disonancia es así un acto rodeado de vacío porque su certidumbre no es su salvación. Su certidumbre (la palabra crítica) es otra alteración del sentido (la insuficiencia de nombrar); y, por lo tanto, la soledad del poema es un bochorno de la inteligencia, siendo la inteligencia su origen —pero no su fin. Poemas subterráneos, más que marginales; palabras que al resonar descubren en torno galerías, catacumbas; mirada que sin terror ve en la carne el hueso, porque el terror sigue el vacío. Su habla es cotidiana, pero la verdad de esa habla se disuelve a sí misma al no bastarse, al volverse vestigio y dispersión. De allí el poder inquietante de estos poemas, su temblor enigmático. Si la certidumbre no nos salva, no nos basta, quiere decir que la reducción crítica nos torna al revés sólo para mostrarnos como un espejismo roto. Poesía implacablemente desnuda: vestigio y crudeza que se denuncia.

La lucidez y la alucinación mutuamente se fracturan en ese lenguaje disonante. Pero su drama no es solamente un desencanto, tampoco sólo la amarga ironía de las comedias humanas. Su drama está en que los nombres no bastan por sí mismos, porque la inteligencia que conoce no puede sino pulverizar el objeto que aprehende. La disonancia es la norma secreta de esos objetos, y también el regreso del poema sobre sí mismo. Porque la poesía sólo alcanza a dar fe de su alucinación desde la conciencia incandescente de su lenguaje desintegrado. Los poemas de Zaid son como el breve balance de la hecatombe: el mundo que rodea al poema está en ruinas. Ese espectáculo no es ya ni violencia ni tragedia (palabras dichas por Baudelaire, por Vallejo); es, más bien, el desposeimiento de un lenguaje: detrás de las ruinas prosigue el desierto, y allí los nombres carecen de arraigo. Así, en el lenguaje más civil, más cotidiano, está la fractura del habla discordante: después de la conciencia trágica sólo resta la conciencia irrisoria.

Nada en "Segimiento", la primera secuencia de *Práctica mortal* (1973), parece hacer sospechar este drama: el sol, la luz, son allí acuerdos plenos de la mirada, y, por ello, confluencia y concordia del decir. Esta serie de poemas son como el pórtico de la desintegración: nos entregan los materiales armónicos que irán a ser trastrocados. "Claridad furiosa", la segunda secuencia, sitúa esos términos del acuerdo en su revés, en su trama de tensiones polares. Ante la luz, ahora, "el mundo, incandecente, se vela". La lucidez se troca a sí misma en la alucinación del vestigio: "Un círculo de sol... es todo lo que queda". La "altiva luz del mundo" deja de ser una respuesta plena: se convierte en pregunta increpatoria, pronto en un dios solar revertido. Porque, reveladoramente, "Claridad furiosa" es una secuencia que propone la inversión de un mito solar: la mitología fáustica y desencadente de la tradición solar se transforma aquí en el despojamiento de la mirada que reduce los términos de un supuesto acuerdo con el mundo (luz-mirada-nombre) a su grotesco sentido. No hay una palabra del mundo, y las palabras tampoco dicen el mundo.

En "Collage insome" la tradición de la realidad sostenida por el poder solar de la mirada se disuelve: no hay un sujeto que dé fe de los objetos. En "Tumulto" el amanecer llama a un nuevo apocalipsis; el mundo se desploma con la luz del nuevo día; y nos revela otra norma: la del morir. En "Dormidor" la conciencia reconoce que la claridad solar no es su medida. Y en "Claridad furiosa" la mirada ha rehecho ya el supuesto acuerdo con el sol; "negra luz fulminante: bofetada del día", se nos dice, porque la conciencia se abisma y sólo la dice, ahora, la disonancia. En "Pastoral" las cosas se definen, por lo mismo, desde sus sombras, no desde sus nombres.

"Temblor" descubre la irrisión dentro de la poesía: la visión poética tampoco es una convergencia del mundo, porque la alucinación no se basta, se fractura en la lucidez "porque yo quería ver". La tradicional concordancia del mundo y del nombre desde la luz y la mirada se muta en irónica divergencia, y el poema que ha vivido ese drama es una "práctica mortal". Abrir los ojos, cerrar los ojos son actos que confirman un milagro que se repite: el olvido podría aplacar a la lucidez, aunque no hay posibilidad de huir en su abismo como tampoco hay refugio en la memoria. "No aceptamos lo dado, de ahí la fantasía", dice el poeta, pero esa fantasía es la de la conciencia, y, por ello, no una salvación sino un desasimiento.

"Campo nudista" y "Haciendo guardia", las otras secuencias de este libro, demuestran cómo ese desarraigo se fractura en el lenguaje. El poema se exacerba y se oculta en su idioma: la mirada se vuelve sobre sí misma con el humor herido de la esperanza. El poema se agrede: actúa por antítesis sin solución, con una lógica del grotesco; su economía es un estrangulamiento, una mutilación, no una simple eficacia expresiva. Las imágenes de un bestiario irritado (extrema irrisión: decir el mundo con nombres de animales), las de un coloquio de la desintegración, crecen como apelaciones que anegan a la sórdida conciencia distorcionante. Los breves instantes de acuerdo con un "refugio precario" y, por eso, "el placer/merecería el fin del mundo": el acuerdo es la alucinación improbable.

La danza de la muerte es aquí un acto sin desenlace: la irrisión así mismo del lenguaje. Detrás del apocalipsis que se refiere no parece haber nada. En la macabra danza verbal de la muerte el sabor del fin del mundo es la única evidencia. Fin del mundo: fin del habla. Porque el testimonio del desarraigo no puede ni siquiera repetirse, ya que la conciencia sólo logra comunicar desde la debacle verbal.

En el drama del sujeto despojado no hay, por lo tanto, sino el laconismo de las evidencias finales: "una carcajada/sobre el incierto fin del mundo". Un sujeto sin nombre en un mundo que ha perdido sus nombres.

La poesía de Gabriel Zaid nos dice en ese mundo sin parajes bajo un implacable sol oscuro. (1)

---

(1) La poesía de Gabriel Zaid está reunida en *Cuestionario* (México: Fondo de Cultura Económica, 1978). Sus otros libros son *Leer poesía* (México: Joaquín Mortíz, 1972), *Leer en bicicleta* (México: Joaquín Mortíz, 1976; Segunda ed. aumentada, 1979) y *El progreso improductivo* (México: Siglo XXI, 1979).

JOSÉ CARLOS BECERRA:
EL OTOÑO RECORRE LAS ISLAS

La trágica y prematura muerte del joven poeta mexicano José Carlos Becerra (1937-1970), nos deja ya en posesión de su total obra poética, de excepcionales calidades y ostensible singularidad en la lírica última de México. A la devoción de otros dos destacados compañeros de profesión literaria de su país, José Emilio Pacheco y Gabriel Zaid, debemos este precioso y denso volumen; *El otoño recorre las islas* (México: Ediciones Era, 1973), que es el compendio de la labor llamada a perdurar de Becerra. Los realizadores del paciente trabajo que, según se nos indica en la contraportada, "dedicaron tres años al rescate y organización de los poemas que no pudo recoger en libro su autor", decidieron, en seguro buen acuerdo, respetar el conocido rigor crítico del mismo Becerra por el cual éste dejó inéditos, "porque no tuvo prisa", los que hubieran sido sus tres primeros cuadernos: *Poemas* (1956-64), *Diario de mar* (1958-61) y *Los días y sus designios* (1959-60), los cuales han quedado así fuera de esta edición como su prehistoria poética, en el mismo sentido en que aquel los entendiera.

El resto de su obra, la por él publicada y la salvada y dispuesta por Pacheco y Zaid, se han distribuido aquí en seis secciones: *Los muelles* (1961-67), *Oscura palabra* (1964), *Relaciones de los hechos* (1967), *La venta* (1964-69), *Fiestas de invierno* (1967-70) y *Cómo retrasar la aparición de las hormigas* (1968-70). Se añade el único texto en prosa suyo conservado: *Fotografía junto a un tulipán* (1969), recreación entre novelada y poética de la vida de un antecesor de Becerra, poeta e idealista revolucionario, con el cual, en ambas actividades del espíritu, pareció guardar aquél secretas afinidades de destino. Y se complementan las pistas hacia su conocimiento con un repertorio de conversaciones y cartas en las que figurara como interlocutor, firmante o destinatario. En calidad de introducción se han incluido notas biográficas y bibliográficas; aclaraciones, por sus preparadores, del criterio que rigió la edición; y, presidiendo el conjunto, un luminoso ensayo de Octavio Paz que fija con lucidez las claves indispensables para el entendimiento de la obra, nada escasa a pesar de la temprana muerte de Becerra.

En efecto, al bosquejar en unos rápidos trazos la semblanza personal del poeta, escribe Paz: "José Carlos Becerra era un temperamento cordial, insólito en el altiplano mexicano, región de soterradas emociones y cortesías espinosas". Análoga impresión produce, en general, la lectura de Becerra al contrastarla con la poesía que suele llegarnos de su país. Hay que evitar la falacia de sugerir la existencia de una poesía mexicana: sabemos que la modernidad, raigalmente vivida y expresada, se resiste frontalmente a la posibilidad de aislar entidades nacionales de poesía que se definan a partir de características peculiares y excluyentes. El caso de Becerra ratifica una vez más tal oposición. Mas, desde otro ángulo, que no invalida lo anterior, si la misma modernidad supone una identificación fundamental entre vida y poesía, y ello desde el romanticismo, lo señalado por Paz para el temperamento del poeta sería igualmente aplicable al tono general de su poesía, emprendida desde una efusividad verbal que pareciera rehuir soterramientos y espinosidades. De no conocer su nacionalidad, le hubiéramos acercado (de hecho, lo estamos acercando) más al talento barroco y abundoso de un seguidor, digamos, de Lezama Lima (y consta cómo le admiraba Becerra) que a la lección de algún maestro mayor de México: Paz mismo, por ejemplo. No hay, en efecto, poesías nacionales; nada deben sorprendernos, tampoco, las identidades entre el hombre y su obra de creación.

Intentaremos seguirle en su trayectoria poética, tal como ha quedado fijada en *El otoño recorre las islas*. Descontadas las tres colecciones aquí suprimidas, *Los muelles*, la sección que abre el libro, contiene los poemas escritos hasta 1967 y no incluidos en las dos únicas entregas por él publicadas (*Oscura palabra* y *Relación de los hechos*). Estamos, en este tramo inicial, ante una poesía dominada por una intensa tesitura elegiaca, nada más natural en un poeta joven. Sus temas mayores serán la soledad, la ausencia, la tristeza, la lejanía, e, insinuados ya, el tema más personal del sueño y el de las metamorfosis de las formas, que cobrarán rotundidad en su poesía posterior. Se trata aún de una densa atmósfera melancólica con que los ojos juveniles velan la cruda realidad, y la convierten en materia nebulosa de poesía. Afín a los líricos de talante romántico, y por ello de palabras exhuberantes, Becerra acierta a encontrar, para la soledad, ámbitos, símbolos y figuraciones esperables pero que ya configuran los rasgos esenciales de su mundo poético aunque no todavía su más característica expresión: el otoño, el abandono de los muelles, el mar y la noche, las islas cruzadas por la noche y el viento, y la ya más constante imagen del naufragio. No sin razón pudieron los compiladores tomar, del título de uno de estos textos, el general del libro: *El otoño recorre las islas*, paráfrasis poética del concepto existencial de la muerte atravesando el total mundo de los hombres, condenados a un insalvable aislamiento e incomunicación. Y tal es, reducido a términos conceptuales, el fondo último de la poesía de Becerra desde sus pasos primeros. Sobre ese fondo se grabarán, como veremos, los rasgos más singulares de una ya más madura y personal visión del mundo que pronto comenzará a perfilar.

Describir esta zona de Becerra sería tener que recurrir a formulaciones o explicaciones comunes a todos los poetas de disposición elegiaca, por ello dispensables. Más interés tendrá notar como ya, desde estos inicios, el poeta (fiel a esta vocación moderna que obliga al creador a desdoblarse en observador crítico de su propia creación) se apresura a facilitarnos pistas más o menos explícitas hacia su poética. Tal vez la composición que mejor nos revela aquí ese entrañamiento del signo de su empeño en la materia de su canto sea "Los muelles", que ha servido para rotular toda la sección. Hay allí un verso particularmente útil a estos efectos: "Gritaré hasta que el silencio muerda el polvo". Ya se sabe que toda poesía crítica, no de crítica social al uso sino ante todo de sí misma, desemboca en el silencio o en el grito. Becerra combina aquí ambos destinos, y los entreteje indisolublemente al tema central de sus búsquedas. La realidad aparece, así, designada sólo por su sustancia última y reducidora, el polvo; necesidad, por tanto, de acudir a la memoria, hecha palabra desaforada, grito, que se presenta de tal modo como fatal y a la vez inoperante. Mas hay también una lucidez paralela de la común condena de esa misma voz por la que se concreta la memoria: grito que será silencio que será igualmente polvo. El olvido, entonces, devorando también aquella memoria imposible. Jadeo del poeta entre esas dos fantasmagorías mayores —la memoria, el olvido—, las cuales hacen que su esforzada empresa de salvar la realidad vivida, se le ofrezca, de entrada, como pasión pero también como imposible.

Mas son todavía muy pocos los años para que la palabra pretenda, al menos, incorporar con exactitud ese silencio: tentación, condena y riesgo de toda la poesía moderna. Por el contrario, su generoso estro verbal pareciera dispuesto no a registrar o clavar el silencio en el blanco de la página, sino a conjurarlo, colmando su hueco enemigo con el torrente de una palabra fértil y en aluvión. La lectura de dos poemas contiguos (el citado, "Los muelles", y el siguiente y no menos revelador: "Piel y mundo") nos dan la medida de su actitud ante el lenguaje: convocarlos en su plenitud, valiéndonos tanto del léxico hermoso, delicado y acariciador (espuma, lluvia, verano, ramas, cielo, arena) como de su revés doloroso, deformante y expresionista (cementerios, mandíbulas, dentaduras, pantanos, suicidios, alas negras). Y todo ello en una enumeración anfórica e incesante, y una imaginería de cósmica abertura de las que no están ausentes ciertas resonancias lejanas del Neruda primero, romántico y angustiado, que por otra parte Becerra pronto superará. Anticipemos otra vez como aparece ya, en los mismos poemas, la intuición de las metamorfosis continuas de la realidad, y el símbolo consecuente de esos cambios, la máscara, tan repetido después. Si el desarrollo posterior del poeta le llevará a un enriquecimiento más personal y profundo, en contenidos y expresión, *Los muelles* descubren ya ciertos vislumbres y motivos que le urgieron desde los primeros años; y manifiestan una autenticidad cosmovisionaria que es uno de los índices más convincentes de ese poeta mayor que huebiera sido José Carlos Becerra.

Oscura palabra, extenso poema elegiaco motivado por la muerte de su madre, ocupa el apartado segundo del libro. Al hilo de nuestras observaciones, interesa destacar aquí cómo el soporte anecdótico se armoniza en este texto a ese juego de las transfiguraciones con que la realidad adviene siempre en poesía. Dividido en siete cantos, el recuerdo de la madre muerta aflora en cada uno de ellos bajo concreciones imaginativas variables, que son como las máscara sucesivas de ese único y solo recuerdo; lluvia terca, insistente y ciega; (1) puerta cerrada violentamente por el viento; (2) ventana entreabierta por donde aún se deslizan aquella lluvia y este viento; (3) mano extendida siempre entre la sombra; (4) tropiezo con los muertos que fingen el orden viejo de la casa (5) y, por fin, las figuraciones simbólicas más caras a Becerra: océano más poderoso que la noche, (6) y naufragio último en el inexorable mar de la oscuridad y el silencio nocturno. (7) Aun las realidades más interiores —aquí la llama viva de un penoso recuerdo cercano— no admiten una sola formulación poética, sino que se evidencias bajo proteicas formas, en cuyo minucioso diseño consiste para el autor el quehacer de su poesía.

Relación de los hechos, publicado en 1967, y las dos siguientes colecciones que aquí se agrupan bajo los títulos de *La venta* y *Fiesta de invierno,* constituyen el centro del cuerpo poético de Becerra, y nos dan su imagen definitiva. Ya Octavio Paz, en el ensayo-prólogo aludido, señala la matizada evolución del poeta, en esta región de su obra, que va desde una juvenil nostalgia y un ansia de reconquistar el pasado en la victoria de la poesía, hasta su encuentro directo con la realidad, con lo maravilloso cotidiano de la ciudad, móvil al cabo de sus más intensos momentos líricos. Sólo que ambos objetivos, disímiles en su raíz, aplicó Becerra una sostenida visión poética que condiciona mecanismos visionarios y rasgos expresivos comunes, definiendo así su más característica dirección.

En selvas de palabras y de imágenes, amparadas en la fluencia comprensiva del versículo y en representaciones que no rechazan lo onírico, se convierten entonces sus poemas. Selvas como las de su infancia en las llanuras tropicales de su Tabasco nativo, ahora trasladadas, con cierta inadecuación, a esa otra selva de asfalto que es la ciudad moderna. Gabriel Zaid ha reconocido bien esta fuerza verbal de Becerra, aunque señalando, a la vez, las limitaciones que puede implicar: "No siempre sale bien parado ese encuentro (con el lenguaje) en los versos de *Relación de los hechos*. El lenguaje se lleva, aquí y allá, al poeta haciéndole decir cosas que no parece decir sino por un automatismo reflejo, que no es todavía esa gracia del lenguaje que se expresa 'él mismo' liberado por el poeta". (1) Y es que un móvil tan inmediato y urgente, como sería el tenso y dramático monólogo del individuo en la ciudad fascinante y hostil, habría requerido tal vez un decir más penetrante, inquieto y quebrado. No le permitió llegar a él (aunque lo ensayó en su poesía última, como veremos) su gusto por la lentitud abarcadora del pausado versículo y por el fabulador de la imagen: su férrea tendencia hacia el paladeo verbal e imaginativo al que fue siempre leal. Esa apertura nunca saciada de la palabra, nacida de aquella cósmica ambición revelada desde sus tanteos juveniles, sólo encontrará así su más justo correlato en la vastedad e infinitud del mar en la noche, configuración simbólica que apenas falta en todas sus creaciones. Así como para la sugerencia de la única realización plena del hombre se le impusiera la imagen del naufragio: el tema del ahogado da materia a un cuento suyo, a dos poemas de igual título y a numerosísimas referencias incidentales a lo largo de su obra.

De Lezama Lima le distancia la diversa posición que toma ante el lenguaje. Al autor de *Paradiso* se le siente resistir, feroz y sistemáticamente, todo intento de posible empuje suave de las palabras, cuando la *"poesía enemiga"* demanda y rechaza a la vez su cristalización en el poema. Becerra, por el contrario se entregó con lasitud y abandono al lenguaje melodioso y armónico que peligrosamente le enamora (peligro: la elocuencia), y ante el cual no se rinde. Pero con Lezama comparte su fe exultante en la imagen: esa potencia de la imagen y de la metáfora en su carnalidad viva, las cuales, según aquel, "engendran la poesía como absoluto de la libertad". En el poema "Apariciones" se ocupa Becerra de alumbrarnos su amor por las imágenes: *descubrimientos reservados a la pasión, mediaciones entre el hombre y su sueño*, deformación *de aquella belleza para encontrar su propia belleza*. Su sentido crítico le descubre, sin embargo, lo falaz de su ardid, y lo declara. *Movimiento de prestidigitación* lo llama en ese mismo texto; "Batman" introduce, en un paréntesis, este guiño irónico.

---

(1) Gabriel Zaid, *Leer poesía* (México: Cuadernos de Joaquín Mortiz, 1972). p. 66.

(Aquí el ingenio de la frase ganguea
        al advertir de pronto su sombrero
        de copa de ilusionista;
    ese jabón perfumado por la literatura
        con el cual nos lavamos las partes
        irreales del cuerpo,
    o sea el radio de acción de lo que
        llamamos el alma...)

Mas la imagen se le impone, con necesidad irrevocable, desde su misma visión intuicional de la realidad. No representó el mundo nunca para Becerra una entidad absoluta y unívoca, sino una misteriosa y amarga dialéctica entre la verdad y la apariencia; o mejor, entre la verdad y una sucesión aplastante y vertiginosa de apariencias. Metamorfosis, transfiguraciones, cambios: *máscaras, disfraces, antifaces,* voces que no por azar se repiten indefectiblemente en sus poemas; y cuya asunción entrega la única aunque precaria clave de la existencia. Mas el hombre ha de rebelarse ante esa limitación; Becerra se rebelaba continuamente y exigía para sí alguna suerte de realidad auténtica y salvadoramente identificadora. Ramón Xirau lo ha observado con precisión "...hay en los versículos de Becerra un hondo anhelo de realidad, un hondo deseo de no ser 'antifaz' persona abstracta, hipocresía ficticia, sino cuerpo y alma, 'aquello que todavía llamamos alma' ". (2) Tal nos parece el tema central de su poesía, donde todos los otros, más visibles pero parciales, quedan inscritos. ¿Cómo apresar esas imágenes fugaces de lo real sino mediante el conguro de la imagen poética? Al menos, esta se le parece, en el hilo con que el poeta puede engarzarlas, como la única esperanza de dar unidad a aquellos rostros fragmentarios, inasibles, huidizos. Aquí cremos que reside la articulación entre el gran tema de Becerra y su necesidad impaciente de la imagen; no interpretada ésta como mecanismo volatinero y funambulesco, sino en un sentido ahondador, nominativo y, en suma, creador.

Imaginar: dar cuerpo a lo efímero y, a la vez, designar, en medio del asombro, lo así corporizado: *Todo yo me sorprendo, todo yo me designo.* Este verso corresponde al poema donde mejor pareció Becerra armar su poética, integrándola con suma

---

(2) Ramón Xirau, *Mito y poesía* (México: Universidad Nacional Autónoma de México, 1973), págs. 153-154.

clarividencia a esa personal visión suya de la realidad como juego
de los ocultamientos y las transfiguraciones (y por las que cede
curiosas afinidades con el cubano Gastón Baquero en su magistral
texto *Palabras escritas en la arena por un inocente*). El poema de
Becerra citado, "El azar de las perforaciones", describe sin paliati-
vos ese juego, y su aplicación a la poesía. El guante precede a las
manos; la gamuza a la carne; el antifaz al rostro. En suma, la
mentira a la verdad. Con esos falsos instrumentos, sin embargo, el
poeta interroga, explora y arriba al cabo, a su débil pero sola
verdad. Ceremonia que linda con el artificio y el desafío, y que no
es modo alguno negativa. Al final del proceso se nos da cuenta del
resultado, apetecido y logrado:

> Esta indagación sólo podrá ser realiza-
> da, por el artificio,
> el antifaz irá trasplantando el rostro,
> los guantes tendrán a su cargo la
> creación de las manos,
> la mentira abrirá un túnel bajo lo que
> llamamos real, pondrá en entredicho
> la dureza de ese piso.
> Sólo así mi tacto será más vivo,
> y mi respiración dará menos vueltas
> para encontrarse con mi alma,
> o con aquello que pregunta por mí, si
> es que algo pregunta por mí.

Teoría y proceso que, aparte diferencias argumentales, evocan
las del reciente libro *Ritual para un artificio* (1972) del joven
poeta español Genaro Taléns. Becerra llegó, en el poema comen-
tado, a una concepción tan incisiva, acaso más, que la realizada en
sus palabras. Estas, las suyas, parecieron envolver y recubrir
hermosamente la realidad, más que verdaderamente perforarla y
aceptar su desgarramiento para reordenarla después en una
suerte de ineditez rigurosamente poética. Sin embargo, esta tentación última le aguzaba siempre; y apenas hay un poema que,
expresa o tácitamente, no lo testimonie.

Por esa urgencia, en sus últimos poemas (los recogidos en
Como retrasar la aparición de las hormigas) trató, por varios
modos, de despojar su laboriosa arquitectura poética: piezas más
breves y concretas; versos cortos o entrecortados; fragmentacio-

164

nes del discurso y yuxtaposiciones inesperadas; tensión entre el coloquialismo de la expresión y la imagen insólita; ritmo más elíptico y sicopado; y una cierta ironía carcomiendo su antiguo amor a la belleza y la sensorialidad de la palabra. Mas, aun aquí, el encadenamiento voraz de las imágenes será el responsable último de estructurar el poema; si bien la prosa e inmediatez de la realidad invade con más aguda libertad el tejido del lenguaje.

Murió José Carlos Becerra cuando parecía comenzar a ajustar sus maneras poéticas a la intuición de una poesía que ya iba naciendo de una experiencia vital más inquietante y dramáticamente asumida. No valen aquí, sin embargo, conjeturas; ni en su caso son siquiera válidas pues podrían hacer suponer una como justificación de lo que no realizó. Y lo hecho por él, vale por sí solo: la creación de un mundo coherente y original en que la realidad y el sueño, o el sueno y los sueños de la realidad, lograron una expresión hermosa, paladeable y sugeridora. En tal sentido, su obra ocupa una posición notable en la lírica mexicana de los últimos años; y, de algún modo, tiende secretos hilos de comunicación en las de otras latitudes del mundo hispano.

Lilvia Soto

REALIDAD DE PAPEL: MÁSCARAS Y VOCES EN LA POESÍA DE JOSÉ EMILIO PACHECO (1)

Gracias quiero dar al divino
Laberinto de los efectos y de las causas
. . . .
Por el hecho de que el poema es inagotable
Y se confunde con la suma de las criaturas
Y no llegará jamás al último verso
Y varía según los hombres.

Jorge Luis Borges, "Otro poema de los dones"

To perceive the text as a transform of an
intertex is to perceive it as the ultimate
word game, that is as literary.

Michael Rifatterre, *Semiotics of Poetry*

En una nota que apareció en el núm. 8 de *Vuelta* en julio de 1977, José Emilio Pacheco explica el plagio involuntario que realizó en su poema "Fisiología de la babosa" (*Irás y no volverás*, p. 28) (2). Seis años después de publicado el poema, encuentra Pacheco un ensayo positivista ("en realidad un poema en prosa") del doctor Manuel Flores titulado "Psicología de la babosa". Pacheco en su poema usa la frase "plaga insulsa" y Flores en su ensayo, "insulsa y tremenda plaga" e "insulsa y calamitosa plaga". Al tratar de explicar este caso de intertextualidad involuntaria. Pacheco pregunta:

_____

(1) Una versión abreviada de este ensayo apareció en el número 414 de *Insula*, mayo de 1981.

(2) Todas las citas de las obras de Pacheco provienen de las siguientes ediciones: *Irás y no volverás* (México: Fondo de Cultura Económica, 1973); *Los elementos de la noche* (México: Universidad Nacional Autónoma de México, 1963); *No me preguntes cómo pasa el tiempo* (México: Editorial Joaquín Mortiz, S.A., 1969); *El reposo del fuego* (México: Fondo de Cultura Económica, 1966); *Islas a la deriva* (México: Siglo veintiuno editores, S.A., 1976).

¿Es posible escribir un texto que no suponga otro texto previo, conocido o desconocido por el autor? A pesar del desprestigio actual de esas dos palabras ¿existe de verdad una 'tradición nacional', ecos y reflejos que perduran más allá del cambio y las discordias de las generaciones? O bien, cada tema ¿posee un repertorio limitado de posibilidades verbales que nadie puede vencer por resuelto que sea su afan de 'originalidad'? 0, por último, ¿tiene razón Julián Hernández y es ridículo el concepto mismo de 'autor', ya que "La poesía no es de nadie: se hace entre todos"?

Estas palabras ponen en evidencia la idea que muchos autores contemporáneos tienen de la razón de ser y de la función de la intertextualidad. (3) Aunque la literatura es por definición intertextual, en nuestra época se ha agudizado la conciencia que se tiene de la inevitabilidad de su uso en lo que John Barth ha llamado "La literatura del agotamiento". (4)

Ya sea que como Pacheco, Borges y Barth, se piense que el repertorio limitado de posibilidades verbales y literarias se ha desgastado, o que se subscriba la línea de la estética de Lautreamont y Octavio Paz que consideran que el verdadero autor de un poema es el lenguaje, o que como Virginia Woolf se crea que toda la literatura europea desde Homero "tiene una existencia simul-

---

(3) Julia Kristeva, la creadora del término, dice: "El texto es por consiguiente una PRODUCTIVIDA, lo que quiere decir: (1) su relación con la lengua en la que se sitúa es redistributiva (destructiva-constructiva), por lo tanto es abordable a través de categorías lógicas y matemáticas más que puramente lingüísticas; (2) constituye una permutación de textos, una intertextualidad: en el espacio de un texto se cruzan y se neutralizan múltiples enunciados, tomados de otros textos." Ver: "Introducción: tema y metodología *El texto de la novela*, trad. Jordi Llovet (Barcelona: Lumen, 1974), pp. 11-25. La cita en p. 15. Según Laurent Jenny, en el entrecruzamiento de textos la linealidad de la lectura estalla pues cada referente intertextual es el lugar de una bifurcación. Si se opta por efectuar una especie de anamnesis intelectual, el referente intertextual aparece como elemento paradigmático desplazado y proveniente de una sintagmática olvidada. Este referente que existe como virtualidad aporta todo su significado sin que sea necesario enunciarlo. Ver: "La stratégie de la forme." *Poétique*, 27, pp. 257-81, especialmente la p. 266.

(4) "The Literature of Exhaustion," *Surfictions; Fiction Now —and Tomorrow*, editado por Raymond Federman (Chicago: The Swallow Press Inc., 1975), pp. 19-33. Para la nueva perspectiva de Barth, véase "The Literature of Replenishment; Postmodernist Fiction," *The Atlantic*, Junuary, 1980.

tánea y compone un orden simultáneo", (5) dada esa filiación estético-lingüística es natural que Pacheco considere que en nuestra época al poeta sólo le queda la posibilidad de hacer literatura de la literatura, crear una "realidad de papel". La cita de Julián Hernández que Pacheco copia en la nota de *Vuelta* había aparecido como epígrafe en "Juego de espejos (Catulo imita a Ernesto Cardenal)" (*Irás*, pp. 120-123). El hecho de que Pacheco acuda a las palabras de un poeta apócrifo, "plagiador" de Lautreamont, para defender su propio "plagio involuntario" es altamente indicativo y sugiere la clave de su pensamiento poético: la poesía se hace entre todos, no existe la originalidad absoluta, la literatura es intertextualidad, ya sea voluntaria o involuntaria, explícita o implícita, el poeta indica su filiación creando a sus antepasados artísticos y así en la conjución de las voces del pasado y del presente, de la tradición, se hacen recircular las formas ya usadas rescatándolas de las antologías y de los museos literarios para animarles en una nueva articulación y con un significado inédito.

La convinatoria —en el poema— de voces, de textos, de autores y de lenguas sirve para hacer patente el movimiento de la poesía, su continua apertura y metamorfosis y destaca la conciencia agudizada que nuestra época tiene de la actitud natural al artificio, de la realidad de papel de la literatura. (6) Me propongo hacer un análisis de la poesía de José Emilio Pacheco basado principalmente en este carácter de literariedad de su obra y, muy específi-

---

(5)   Citado por Carlos Fuentes en "Cronos en su baño," *Vuelta*, Vol. 2, Número 24, noviembre de 1978,p. 30.

(6)   En el arte contemporáneo la "intertextualidad" —la superposición y metamorfosis de textos y contextos— se llama "ready-mades" para los dadaístas, "objets trouvés" para los surrealistas, "collage" para los cubistas, "calligrammes" y "poèmes conversations" para Apollinaire, "arte de la convinatoria" para Octavio Paz y "cleptomanía" para Stravinsky, quien ha confesado: "Mi instinto es recomponer y no sólo los trabajos de los estudiantes, sino también los de los viejos maestros. Cuando los compositores me muestran su música para que la critique, lo único que puedo decir es que yo la habría escrito en una forma muy diferente. Cualquier cosa que me interesa, cualquier cosa que amo, deseo hacerla mía. (Estoy probablemente describiendo una forma rara de cleptomanía.)" Citado en Donald Mitchell, *The Language of Modern Music* (New York: St. Martin's Press, Inc., 1970), p. 98. La traducción es mía.

camente, en lo que Jonathan Culler llama quinto nivel de la naturalización o recuperación de la obra literaria en una lectura que la haga inteligible y coherente a través de una *vraisemblance* de intertextualidades específicas. (7)

Si uno de los principios de la estética actual es poner en entredicho el concepto tradicional de autoría, es natural que en la poesía se dé una transformación en la fisonomía del hablante lírico. Se observa un cambio tanto en la estructura y función de hablante-personaje como en la situación narrativo-anecdótica que constituye su contexto. Carlos Bousoño, al sistematizar las características de la poesía que él denomina poscontemporánea y que yo me limitaré a llamar actual, destaca, entre otros, los siguientes elementos, de los que participa la poesía de Pacheco: brevedad y esquematismo; voluntad mayoritaria e identificación con el prójimo; estilo narrativo que en un lenguaje natural, prosaico, de expresión familiar y tono conversacional presenta el hablante ficticio o personaje situado temporal y espacialmente en una anécdota de lo cotidiano y habitual. (8) Bousoño también observa en la poesía actual un elemento que es singularmente válido para caracterizar la poesía de Pacheco: el uso de recursos de distanciamiento para despersonalizar al hablante y objetivar un sentimiento que en Pacheco se configura como ironía y anti-patetismo.

Este afán de ocultamiento en la poesía de Pacheco se da en la forma de máscaras y de la superposición de voces de distintas culturas y épocas. La máscara se manifiesta a través del desdoblamiento apostrófico del hablante escindido; como en "Los linajes" o "De algún tiempo a esta parte" (*Elementos,* pp. 39-41 y 31-33); de "personas" o hablantes ficticios que se expresan en primera persona, como en "Digamos que Amsterdam, 1943" (*No me preguntes,* p. 59) en el que el hablante es un judío, víctima de los nazis, o en "Crónica de Indias" (*No me preguntes,* p. 38) en el que

(7) Véase *Structuralist Poetics; Estructuralism, Linguistics and the Study of Literature* (Ithaca, New York: Cornell University Press, 1975; 1a. impresión Cornell Paperbacks, 1976), especialmente el capítulo 7, "Convention and Naturalization."

(8) "Poesía contemporánea y poesía poscontemporánea," *Teoría de la expresión poética,* 4a. ed. muy aumentada (Madrid: Editorial Gredos, S.A., 1966), pp. 533-576.

se escucha la voz de un conquistador español durante la colonización de América; puede ser una narración objetiva, omnisciente, en tercera persona, como la que se observa en las viñetas o cuadros de "Berecillo", "La secta del bien", "Presagio" (*Islas*, pp. 21, 31, 24-25). También se da el enmascaramiento bajo la especie de los poetas apócrifos Julián Hernández y Fernando Tejeda, heterónimos de Pacheco. Otro recurso de distanciamiento es el de escribir poemas basados en textos de lenguas estranjeras. No pueden llamarse traducciones, ni siquiera versiones: el poeta original es sólo el punto de partida, un eco al que se superpone la voz de Pacheco, pues el original sirve de inspiración y el nombre del primer autor enmascara al segundo.

Tomemos sólo un ejemplo para ver como funciona el enmascaramiento en esta "aproximación" de Pacheco. El soneto de Nerval, "El desdichado", es un caso interesante por la gran actividad literaria que suscitó en México en 1975 cuando Salvador Elizondo (*Plural* 44, p. 76) sugirió en su comentario a *El surco y la brasa* que Montes de Oca había omitido de su antología de "traducciones mexicanas de poesía en lenguas extranjeras" la más perfecta versión del poema de Nerval: la de José Emilio Pacheco. En los siguientes números de *Plural*, a instancias de José de la Colina, aparecieron las versiones de Juan José Arreola, Tomás Segovia, Ulalume González de León, Salvador Elizondo, Salvi Pascual, Francisco Serrano, Elsa Cross, Gabriel Zaid y del propio José de la Colina. Revisando estas versiones, además de las ya conocidas de Octavio Paz y Villaurrutia, y comparándolas con la de Pacheco, se advierte que ésta es la más libre, pues mientras las de los otros son traducciones más o menos literarias o por lo menos metáforas del poema de Nerval, la de Pacheco ha eliminado todas las particularidades de lugar y tiempo, todas las alusiones específicas a la divisa del personaje de Walter Scott, dando a su soneto una dimensión más universal e intensificando en esta forma el lirismo y el sentimiento de orfandad y de desconsuelo que son patrimonio del hombre y no solamente del Príncipe de Aquitania, hablante particularizado del poema de Nerval.

En tres de sus libros aparece este tipo de versión en un apartado que se designa como "Aproximaciones". En *Islas* (pp. 135-159) se incluye como "Epílogo: Lectura de la 'Antología Griega' ", esta-

bleciendo en esta "lectura" una mayor distancia entre los originales y los poemas de Pacheco, con lo que éste tiene aún mayor
libertad para que su voz crítica se escuche enmascarada por el
nombre del poeta de la antigüedad griega: por ejemplo, un
epigrama de Arquíloco se titula: "Candidatos del PRI" (p. 136); y
como poema de Anacreonte aparecen "Make love not war (1)" y
"Make love not war (2)" (p. 138). También atribuidos a Simónides
se presentan los versos: "Los griegos deshicieron el gran poder/
de los persas cargados de oro," con el título de "Vietnam" (p. 141).
(9)

Otro tipo de enmascaramiento es el que se da en los bestiarios y
fábulas. Escritos en tercera persona y en tono impersonal objetivo
son poemas didácticos, de intención crítica, en los que, en algunos
casos con ironía fina, y en otros, como el que se cita a continuación, con obvio sarcasmo, se impugna la sociedad mexicana, el
mundo occidental, la condición humana. En algunos casos, como
en "Tema y variaciones: los insectos" (*Islas*, pp. 103-104) el lenguaje es neutro, aparentemente científico:

> El cerceris inocula al gorgojo
> una sustancia paralizadora
> De modo que cuando nazcan sus larvas
> encuentren alimento en buen estado
>
> e incapaz de maniobras defensivas

---

(9) Pacheco, en la Nota a *Tarde o temprano* (México: Fondo de Cultura Económica, 1980), compilación de poemas escritos en 1958 a 1978 y públicada
después de escrita la primera versión de este trabajo, dice: "Como la refundi-
ción de lo ya publicado, la práctica de traducir poesía sólo admite dos
posiciones discordantes. No tengo nada contra los traductores académicos
pero mi intención es muy distinta: producir textos que puedan ser leídos y
juzgados como poemas en castellano, reflejos y aun comentarios en torno de
sus intactos, inmejorables originales. A menudo se trata de 'imitaciones' que,
señala Rafael Vargas, sólo comparten el tema con la página que les dio
nacimiento. (...) Algunas se aproximan directamente a textos nunca antes
vertidos al español. Otras, como la 'Lectura de la Antología griega', se apoyan
en los más diversos traductores, sin excluir a los de nuestro idioma. De alguna
manera no son, como podría creerse, 'traducciones de traducciones' sino
poemas escritos a partir de otros poemas. Considero estos trabajos una obra
colectiva que debiera ser anónima y me parece abusivo firmarla."

2

El esfex de alas amarillas ataca
al saltamontes
Abre con su aguijón tres orificios
Pone sus huevecillos en las heridas
a fin de que al nacer los esfex

se coman vivo
al prisionero que fue su tierra y su cuna

3

Cuando el macho termina de fecundarla
lo sujeta la mantis religiosa
con sus patas en forma de cizalla
Para dejarlo inmóvil lo hiere en sus ganglios

y después lo devora pieza por pieza

La crueldad aparente en la descripción de las costumbres de estos insectos adquiere un nuevo significado cuando se advierte la analogía a la que apunta el epígrafe procedente de un libro (¿inventado por Pacheco?) titulado *Entomología para uso de la niñez* (1949) de Carlos Duarte Moreno:

Lejos de ser una tarea enfadosa, amiguitos, en la observación atenta de estos pequeñines podéis encontrar lo mismo espectáculos divertidos que grandes e involuntarias enseñanzas sobre el modo en que está organizada la pujante y progresista sociedad mexicana a la que perteneceréis de lleno mañana que seáis hombres...

La superposición de voces en Pacheco —como recurso de distanciamiento— es una simbiosis que conserva la estructura o el espíritu del original pero que libremente altera lo circunstancial. Esta conjución de ecos se da en el entrecruzamiento, contaminación y metamorfosis de textos reales, apócrifos o conjeturales —que por medio de la de la actividad participatoria del lector, establecen una relación dialogístico-admirativa o paródico-antagonista. (10) "De sobremesa, a solas, leo a Vallejo" (*Irás*, p.

_____

(10)   Barthes ha dicho: "Ese yo que se aproxima al texto es ya él mismo una pluralidad de otros textos, de códigos infinitos, o más exactamente: perdidos (de los cuales se pierde el origen)... La subjetividad es una imagen

116), emotivo homenaje al poeta peruano en el que se escuchan los ecos de "El pan nuestro", *Trilce* VII y LVI e "Intensidad y altura" es un ejemplo del consentimiento que se establece entre el eco de Vallejo y la voz de Pacheco. Sin embargo, en la mayoría de sus poemas la dinámica entre los textos es antágonica, como lo demuestra la impugnación de las "Beatitudes" que se revela en "Los herederos" (*Irás*, p. 67) y de la hipócrita retórica evangelizante de la empresa colonizadora en "Crónica de Indias" (*No me preguntes*, p. 38).

La intertextualidad puede ser explícita o implícita. Puede presentarse en citas textuales en el poema mismo, en el epígrafe, en el título, en la referencia a una paradigma de género, en alusiones a ciertos temas o motivos tradicionales, especialmente si en la mente del lector estos se asocian a un texto específico, y, lo que es más típico en la poesía de Pacheco, en una intertextualidad plural que escoje referencias no sólo a un texto básico, sino a varios, a veces en relación simultánea y en ocasiones en un orden cronólogico o anacrónico. (11) Por último, observamos también ejemplos de lo que Pedro Lastra ha llamado "intertextualidad refleja", entendiendo por esto la correlación entre "textos que proceden del mismo *corpus* del autor, de manera que la 're-lectura, acentuación, condensación, desplazamiento y profundidad de esos textos' esa productividad, en suma, surge por una suerte de auto-fecundación de textos poéticos que atraen hallazgos o posibilidades alcanzados (en otros)". (12)

Esta correlación reflejada puede verse en "The New English Bible" (*Irás*, pp. 19-20), "Mejor que el vino" (*No me preguntes*, p. 71) y "Las moscas" (*Islas* p. 109). El eco del *Cantar de los cantares*

---

plena, con la cual se supone que yo obstruya al texto, pero de hecho, esa plenitud falsa no es más que la estela de todos los códigos que me forman, de manera que mi subjetividad tiene finalmente la genialidad misma de los estereotipos." S/Z, pp. 16-17, citado en Culler, p. 140. (La traducción al español es mía).

(11)   Véase Michael Riffaterre, *Semiotics of Poetry* (Bloomington: Indiana University Press, 1978).

(12)   "Relectura de *Los raros*," Texto Crítico (Xalapa, Ver., México) año V, núm. 12 (enero a marzo de 1979) 214-224; la cita, en p. 223.

que se escucha en el título de "Mejor que el vino" se refleja después en citas textuales en "The New English Bible", y aún más tarde aparece de nuevo en una nota al pie de la página en "Las moscas". Los veinte siglos que separan a la antigüedad romana ("Mejor que el vino") del "hotel barato" de nuestro siglo ("The New English Bible") subrayan el vacío de la pasión ilegítima en ambos poemas y universalizan la melancolía elegiaca de la vida transistoria y vana. La lucha —en el hombre— entre el deseo y la inminencia escatólogica vista desde la perspectiva oblicua de "Las moscas" se ironiza aún más. El *Cantar de los cantares*, "Mejor que el vino", "The New English Bible" y "Las moscas" representan cuatro momentos en una escala descendente del erotismo.

Un caso de intertextualidad plural que se da en sentido ancrónico se observa en la serie de epigramas que aparecen bajo el título "Juego de espejos (Catulo imita a Ernesto Cardenal)" (*Irás*, pp. 120-123). Todos comparten los temas y el estilo tanto de Catulo como de Cardenal. La diferencia principal entre los poemas de Pacheco y los de Cardenal es, de nuevo, como en el caso del soneto de Nerval, la extrema condenación en los textos de Pacheco y la omisión de las menciones témporo-espaciales de la Nicaragua de Cardenal, sustituyendo espacios de la antigüedad greco-latina, así como una terminología más génerica, i.e., César en vez de dictador o gobierno; senado por *Novedades;* Caprí en lugar de la lengua de Tiscapa; árboles desnudos en vez de árbol de quelite. Estas alteraciones acuerdan más los poemas con los epigramas de Catulo y les dan una dimensión más universal. En esta serie de epigramas Pacheco ha indicado su propia filiación apuntando a dos de sus precursores y extendiendo veinte siglos la génesis de la poesía llamada "conversacional" y del lenguaje prosaico.

Uno de los casos más significativos de intertextualidad múltiple en el *corpus* de la obra de Pacheco es el famoso poema "Lectura de los *Cantares mexicanos,* Manuscrito de Tlatelolco" (*No me preguntes,* pp. 21-22). El autor en el título hace explícita su textualidad básica que es el manuscrito de los *Cantares* (1523) de la Biblioteca Nacional de México. Sin embargo, en el texto de Pacheco se encuentran también frases del *Códice Florentino,* libro XII, capítulo XX, y del *Ms. Anónimo de Tlatelolco* de 1528 conservado en la Biblioteca Nacional de París. Los versos que preceden de los manuscritos se han alterado muy poco en el poema de Pacheco y las variaciones ocurren siempre con el fin de condensar e intensificar la tensión poética. Por ejemplo en el *Manuscrito* de 1528 se lee: "con esta lamentosa y triste suerte" y en Pacheco, "Con esta lamentable y triste suerte". También, en el poema de Pacheco se modifica el tiempo verbal: el *Ms. Anónimo* dice: "Golpeábamos los muros de adobe en nuestra ansiedad/ y nos quedaba por herencia una red de agujeros." En Pacheco esto se ha transformado así: "Golpeábamos los muros de adobe/ y es nuestra herencia / una red de agujeros." (13) En el poema de Pacheco se observa una alternancia de dos voces, una impersonal en tercera persona que informa de los hechos históricos y otra íntima, en primera persona que expresa con gran lirismo el dolor humano. Así, la voz impersonal dice: "Los mexicanos estaban muy temerosos./ Miedo y vergüenza los dominaban." y la voz íntima del poema alterna con "Ah yo nací en la guerra florida,/ yo soy mexicano./ Sufro, mi corazón se llena de pena;" Este es verdaderamente un poema hecho entre todos. En él han participado el autor anónimo que lo compuso en náhuatl en el siglo XVI, los informantes o colaboradores del recopilador que se cree fue Sahagún, éste mismo, el traductor, Angel Ma. Garibay, Miguel León-Portilla que los dio a conocer en *Visión de los vencidos* (1959), Pacheco que utiliza el manuscrito de los *Cantares* como texto básico, alternándolo y haciéndolo dialogar con los versos del *Manuscrito Florentino* y del *Ms. Anónimo de Tlatelolco*, probablemente con versos de otras fuentes y con los propios. Con estas textualidades se entrecruzan el contexto de los hechos históricos del siglo XVI, y —lo que establece la clave para la re-lectura del manuscrito— los hechos conocidos por todos nosotros de la matanza de Tlatelolco en octubre de 1968, hecho en el que el texto alude incluyendo la fecha, entre paréntesis, bajo el título. (14; Con este último dato, el circuito comunicativo se cumple en el lector

---

(13) Véase Miguel León Portilla, *El reverso de la conquista*, 4a. ed. (México: Editorial Joaquín Mortiz, 1974), pp. 40-43, 53, 62.

(14) En *Tarde o temprano*, pp. 65-70, vemos que este poema no sólo ha pasado por nuevas transformaciones sino que aparece en un nuevo contexto, ya que bajo el título *Manuscrito de Tlatelolco* se reúnen dos poemas de *No me*

donde convergen todas las textualidades creando un nuevo campo de relaciones y dinamizando la lectura connotada que, tomando el texto básico como signo valorizado, trasciende los distintos textos en una re-escritura que transforma indifinidamente los signos, pues nos incita, como dice Octavio Paz, a ver "el pasado desde un presente en movimiento" y a "alternar la visión acostumbrada: ver en el presente un comienzo, en el pasado un fin." (15) La síntesis enriquecedora que se desprende del poema nos sugiere la esencia de la visión de un mundo de José Emilio Pacheco: la universalidad del ser humano, y, aunque dominado por un sentimiento elegíaco de la fugacidad del tiempo, el poeta, contradiciendo a Jorge Manrique, afirma:

> Ningún tiempo pasado, ciertamente,
> fue peor ni fue mejosr.
> No hay tiempo, no lo hay,
> no hay tiempo: mide
> la vejez del planeta por el aire
> cuando cruza implacable y sollozando.

El reposo, p. 62.

---

preguntes y uno nuevo. En el primero, "Lectura de los 'cantares mexicanos', octubre 2, 1968" se observan de nuevo cambios de tiempos verbales y supresiones que resultan en una mayor intensidad lírica y drámatica. El tercero, *1968*, que ya había aparecido en *No me preguntes*, muestra una nueva disposición tipográfica, así como ciertas supresiones. El segundo, "Las voces de Tlatelolco, octubre 2, 1978", tiene una nota que confirma y amplía la intertextualidad múltiple del poema que he discutido aquí: "Este es un poema colectivo e involuntario hecho con frases entresacadas de las narraciones orales y, en menor medida, de las noticias periodísticas que Elena Poniatowska recoge en *La noche de Tlatelolco* (1971). No se emplearon los textos literarios allí transcritos, con la exepción final de unas líneas tomadas del artículo que José Alvarado público en *Siempre!* unos días después de la matanza."

(15) *Poesía en movimiento*, 2a. ed. (México: Siglo veintiuno editores, S.A., 1969), p. 7.

Jesse Fernández

LA POESÍA DE HOMERO ARIDJIS: LA SALVACION POR LA PALABRA

> Dije si la luz fuera compacta como mi mano
> estrecharía su cintura hasta hacerla volar
> como una palabra que se pierde en el aire
> hasta volverse un fruto.
>
> Homero Aridjis, *Antes del reino*

En 1963, en un ensayo titulado "La generación última y la poesía mexicana del siglo XX", Raúl Leiva proponía la existencia de una "generación del 60", integrada por un grupo de poetas jóvenes de México, de los cuales ninguno sobrepasaba los treinta años de edad. (1) Poco tiempo después, en 1965, José Emilio Pacheco, al suscribir la hipótesis de Leiva, calificaba a Homero Aridjis como "el poeta más destacado de (dicha) generación". (2) Un año más tarde aparecía la imprescindible colección de *Poesía en movimiento* (1966). Homero Aridjis, nacido en 1940 y por lo tanto el más joven de los poetas antologados, encabeza la lista —además de ser uno de los colaboradores, con Octavio Paz, Alí Chumacero y José Emilio Pacheco, de la edición del volumen. Ya para esa fecha, la obra poética de Aridjis ascendía a seis libros de poemas, los dos primeros calificados, con razón, de intentos prematuros del autor. Pero en los restantes, sobre todo en *Antes del reino* (1963) y *Mirándola dormir* (1964), se perfila una personalidad artística definida, anunciadora del poeta que se ha ido revelando plenamente en una abundante producción que se extiende hasta nuestros días. Guillermo Sucre, al considerar la madurez artística (poética) alcanzada por Aridjis a tan temprana edad, viene a coincidir con Pacheco cuando propone que "si de alguien

---

(1) Raúl Leiva, "La generación última y la poesía mexicana del siglo XX", *Cuadernos de Bellas Artes*, octubre de 1963.

(2) José Emilio Pacheco, "Aproximación a la poesía mexicana del siglo XX", *Hispania*, No. 48 (mayo 1965), pp. 209-219.

es válido decir —en plena gestación de su obra— que es un joven maestro, ese, creo, sería Homero Aridjis". (3)

En efecto, a la edad de 18 años Aridjis se da a conocer con el poemario *La musa roja* (1958), el cual es superado dos años más tarde con la publicación de otro breve volumen titulado *Los ojos desdoblados* (1960). La enumeración de los títulos consignados a continuación, además de cumplir un propósito informativo, dan fe de la intensa y casi exclusiva dedicación de Aridjis al ejercicio creador. A partir de 1960 aparecen: *La tumba de Filidor* (1961), *Antes del reino* (1963), *Mirándola dormir* (1964), —que le mereció el prestigioso Premio Xavier Villaurrutia de ese año—, *Perséfone* (1967), *Los espacios azules* (1968), *Ajedrez/Navegaciones* (1969), *El poeta niño* (1971), *El encantador solitario* (1972), *Quemar las naves* (1975) y *Sobre una ausencia* (1976), donde se reune lo mejor de la poesía amorosa de los libros anteriores. Las obras que siguen, *Vivir para ver* (1977) y *Espectáculo del año dos mil* (1981), las últimas que no ha sido posible consultar, muestran un renovado interés en la prosa poética que, en el último libro citado, se acerca más al relato lírico, reminiscente de algunos momentos de *Mirándola dormir* y de *Perséfone*.

Dos son los objetivos que nos hemos propuesto en el presente trabajo. El primero es destacar aquellos aspectos de la poesía de Aridjis que, en su momento, constituyeron un aporte original a las letras de su país. En el segundo plano, y casi incidentalmente, se irá viendo en qué medida dicha originalidad se ajusta, si bien de un modo personal, a la tradición inmediatamente anterior, sobre todo a la que se desprende de Octavio Paz.

En su conjunto, la obra de Homero Aridjis puede ordenarse dentro de dos categorías poéticas bien definidas. La primera estaría integrada por una serie de obras en verso, posibles de ser calificadas como la vertiente más estrictamente lírica, según la valoración propuesta por Ramón Xirau; y una segunda tendencia que el mismo crítico considera de tono "épico subjetivo", y de raíz helénica, "sobre todo bajo su aspecto dionisiaco y orgiástico". (4)

---

(3) Guillermo Sucre, "La nueva profundidad; superficies nítidas", *Plural*, No. 50 (México, noviembre 1975), p. 78.

(4) Ramón Xirau, *Mito y poesía* (México: Universidad Nacional Autónoma de México, 1973), p. 79.

Esas dos vertientes percibidas por Xirau, aplicables, dicho sea de paso, a toda la obra posterior de Aridjis, no se contradicen sino que más bien se complementan. Guillermo Sucre, al comentar la obra de Aridjis reconoce igualmente dos corrientes estéticas principales, que se relacionan con las sugeridas por Ramón Xirau. De un lado Sucre destaca "el barroquismo envolvente" de los primeros libros, casi todos escritos en una prosa poética que por momomentos adquiere la complejidad sintáctica y expresiva del barroco; y del otro hace resaltar la "transparencia" de textos más recientes, especialmente aquellos escritos en versos de gran sencillez expresiva y formal. (5) En los libros aparecidos con posterioridad a los comentarios críticos de Xirau y de Sucre, la poesía de Aridjis aporta una visión de mundo mucho más a tono con la intimidad del poeta en relación con el aquí y el ahora. Esa toma de conciencia (de las circunstancias más inmediatas o cotidianas) no ocurre, sin embargo, a espaldas de su compromiso, fatal e ineludible con el quehacer artístico. De ahí su insistencia, a lo largo de toda su obra, en la autonomía del acto creador, en querer "sacar de la piedra la canción/ De pie en la oscuridad/ ser poeta/ aun sin palabras". (6)

Si se omiten los tres títulos enumerados al comienzo (*La musa roja, Los ojos desdoblados* y *La tumba de Filidor*), prescindibles para los propósitos de estas notas, descubrimos, en *Antes del reino*, a un joven poeta de 23 años, en pleno dominio ya de sus facultades artísticas. Aridjis encuentra en ese poemario su voz propia mediante un lenguaje que a veces parece radiar con la luz de los objetos nombrados, y otras parecería replegarse en una atmósfera de sombras y tinieblas. En la composición que abre el volumen, casi a manera de epígrafe, el poeta toma conciencia del mundo que lo rodea:

> Y todas las cosas que mi amor contemplaba
> el sonido y la lluvia los parques y la imagen
> se asomaron en ella
>
> Y todos los seres que en el tiempo eran árboles
> abrieron sus pestañas a los frutos del día
> y el sol fue su mirada reencontrada en el mar

---

(5)   Guillermo Sucre, "La nueva profundidad", p. 79.

(6)   Homero Aridjis, *Quemar las naves* (México; Joaquín Mortiz, 1975), p. 73.

> Y era un verano de diamante y de polvo,
> despierto al borde de la noche dormida
> y creció entre la luz y la sombra trenzada. (7)

En el verso final del poema se destaca el poder creador de la luz y la sombra, fenómenos naturales aparentemente antitéticos, pero que en la poesía de Aridjis se conjugan para engendrar las fuerzas vivas del universo.

El sujeto innombrado pero siempre presente a lo largo de *Antes del reino* es la mujer, a quien en más de una ocasión se la identifica con "el verbo iluminado", es decir con la Palabra como principio de creación. Desde el título mismo se establece el concepto de equivalencia entre el quehacer poético y el acto de la creación primordial del Universo. El Nombre, o la Palabra, según el relato bíblico de la génesis, no sólo designa la esencia de las cosas sino que es la Esencia misma, "ya que dentro de sí está la fuerza del Ser, y es el punto de partida de la creación del mundo y de la creación poética". (8) Aridjis lo expresa metafóricamente en una bella imagen donde la alusión bíblica acaba por confundirse con el principio erótico de todo intento creativo:

> Antes del reino
> todavía no eras tú
> sólo premonición
> y ya eras la presencia
> la señal como saludo
> los cuerpos
> la cópula cayéndose a pedazos. (A.R., 18)

Para Homero Aridjis, al menos en esa primera etapa de su creación artística, el poeta es ante todo el Artífice, cuyo único instrumento de creación es la palabra encarnada, original, la cual no sólo designa todo lo creado sino que engendra lo que aún está

---

(7)   Homero Aridjis, *Antes del reino*, 2a. ed. aumentada, (México: Ediciones Era, 1966), p. 7. Otras citas de este libro se indicarán entre paréntesis, mediante las siglas A.R. seguidas del número de la página correspondiente.

(8)   Elba Torres de Peralta, "La poética de Olga Orozco", trabajo inédito de próxima aparición. Agradezco a la autora la oportunidad que me brindó de compartir este trabajo, tan iluminador en cuanto a las coincidencias de índole estética entre la poesía de Olga Orozco y la de Homero Aridjis.

por crear, y cuyo símbolo es la mujer. La presencia casi mítica de la mujer es el motivo dominante en cada una de las ocho partes en que se divide el volumen. Tal vez sea más acertado decir que la presencia femenina convierte esas ocho partes en un solo poema de tema amoroso, que por momentos alcanza cualidades eróticas. El texto que transcribimos es representativo del tono general del libro:

> HE DE PERSEGUIR tu cuerpo
> hasta donde dos cuerpos pelean
> tu callejón oscuro
>
> y peligrosamente el día
> tiene contacto con una luz que no le corresponde
> para sentirse propio y poseído
> hasta donde la demolición de los conjuros
> no perdona el rumor de las palabras
>
> he de persiguir tu cuerpo
> hasta el fin de tus calles
> donde los saludos forman esquinas con el viento
>
> y la seguridad imposible de manos conocidas
> hace vivir deseos   constelaciones
> en el solo equilibrio de la sombra (A.R., 57)

En el prólogo a *Poesía en movimiento*, Octavio Paz destaca algo que ya los lectores de Aridjis habían percibido desde un comienzo. "Aridjis —apuntaba Paz— ha proclamado la supremacía del amor, y la mujer es su horizonte y su espejismo. [9] Sin duda el libro que mejor se ajusta al criterio de Paz es *Mirándola dormir* (1964), consagrado a describir a la mujer en todo el esplendor de su dualidad físico-espiritual y al mismo tiempo en su total dimensión ontológica:

> Sumergida con Dios a la mitad de la sombra y con el
> diablo a la mitad de la luz como si cohabitaras
> largamente con el arcaísmo. (10)

---

(9) Octavio Paz, *Poesía en movimiento*, Selección y notas de Octavio Paz, Alí Chumacero, José Emilio Pacheco y Homero Aridjis, (México: Siglo XXI, 1966), p. 27.

(10) Homero Aridjis, *Mirándola dormir* (México: Joaquín Mortiz, 1971), p. 9. Otras citas posteriores de este libro se indicarán entre paréntesis mediante las siglas M.D., seguidas del número de la página correspondiente.

La mujer es así presencia y espejismo, estallido de luz y profunda tiniebla. Eva-Verenice-Perséfone-Lautania se confunden en una identidad probable que borra las fronteras entre las fuerzas opuestas de la creación, en busca de la armonía y la unidad de los contrarios, lo cual sólo se consigue a través de la Palabra y del valor esencial de la analogía. "La creencia en la analogía universal está teñida de erotismo: los cuerpos y las almas se unen y separan regidos por las mismas leyes de atracción y repulsión que gobiernan las conjunciones y disyunciones de los astros y de las sustancias materiales." (11) En *Mirándola dormir,* Aridjis vislumbra algo más: el poeta debe aprender a "mirar" y sobre todo a "ver" más allá de la superficie aparente de las cosas, a descubrir "el esplendor de lo visible". por eso el cuerpo de la mujer aparece a veces como una presencia ilusoria, fantástica, adivinada o presentida más que vista:

> Tendida a lo largo de los que eres.
> Desnuda tan solo en lo que tienes de oculto y redondeado.
> . . . .
> Fantástica en esa dimensión que crece, se agolpa y se
> confunde.
> . . . .
> Adivinando lo que puede ser el otro lado de tu pulso.
> . . . .
>   Largamente en ti, querida, tu slogan deslumbrante,
> mirándome, mirándonos, uno enfrente del otro, como dos
> enemigos que mesuran su falta de violencia, su pérdida
> gradual en los segundos. (M.D., 10-11)

Hay otros pasajes de este extenso canto al amor y a la carnalidad femenina en los cuales el acto sexual, más que sugerido, es descrito sin embages (lo cual es ya poco común en las literaturas hispánicas) pero sin caer tampoco en la vulgaridad o la pornografía. En el aspecto formal, Aridjis encuentra en la prosa poética un vehículo mucho más directo y efectivo que el poema versificado para desplegar sus facultades imaginativas y léxicas; y ello sin detrimento de la musicalidad de la frase, y mucho menos de la intensidad lírica que logra impartirle a la composición.

---

(11)   Octavio Paz, *Los hijos del limo* (Barcelona: SeixBarral, 1974), p. 101.

Pero es probable que el experimento lingüístico más ambicioso de Homero Aridjis se encuentre en las páginas alucinantes de *Perséfone*, novela lírico-mítica audazmente escrita como un largo poema versicular. La obra presenta un desafío a todo intento de clasificación genérica. La búsqueda obsesiva de nuevas e inexploradas realidades (experiencias) a través del lenguaje poético, viene acompañada, prediblemente, de un proceso de *violación* del instrumento expresivo. La finalidad que persigue el autor (sin atender a las consideraciones de índole estética, lo cual requeriría otro estudio aparte) es mostrar la incomunicación entre los seres humanos condenados a un mundo elemental y caótico en el cual reina la destrucción y la muerte. En la primera parte del libro, en la que *Perséfone* aparece como representación simbólica de un mundo de tinieblas y fantasmas degradados, el diálogo entre los "hablantes" se reduce a "palabras rotas", "trozos de palabras", "palabras torcidas", y a veces a simples gestos, ya que a los personajes "parece que se les perdió la lengua".(12) En realidad más que de personajes a la manera tradicional, en *Perséfones* habría que hablar de figuras arquetípicas o caricaturas lingüísticas reducibles a una identidad ilusoria; meros entes de ficción cuyo único asidero con la realidad es que, por momentos, aparecen como *personae* del propio autor. En lugar de diálogos, en *Perséfone* predomina "el balbuceo", y lo que se destaca a lo largo de la obra, según declara el narrador selectivo en un momento dado, es "la falta de correspondencia entre la expresión y el acto". Por eso se comprende que la comunicación les esté vedada a esos seres sonámbulos que llenan los cuadros ambientales de la novela. Llega el momento en que estos comienzan a llamar a las cosas "con nombres equivocados, le dicen al vaso cenicero y al cenicero silla, a la silla cuerpo de mujer y al cuerpo de mujer mesa o labio". (p. 50) El poeta-narrador siente que "las palabras me dan vueltas en torno sin tocarme, y viejas frases labradas por los años se aglutinan en mi lengua". (p. 51).

En la persecusión incesante de las palabras virginales, inéditas, con las cuales, de acuerdo con Roland Barthes, se logra alcanzar la

---

(12) Homero Aridjis, *Perséfone* (México: Joaquín Mortiz, 1967). p. 66. En adelante, todas las citas de este libro irán seguidas del número de la página correspondiente, entre paréntesis.

anhelada "unión amorosa en armonía con lo cósmico", (13) al poeta no le queda más remedio que volver a nombrar llanamente las cosas: "Hablo para mí palabras: Príncipe. Niño. Libro. Mono. Cilindro. Flor. Árbol. Oscuridad". (p. 140) Se ha perdido, así, "la noción sucesiva de la composición poética". Cada palabra adquiere un valor autónomo, o, como precisa también Barthes, "el sustantivo es llevado a una suerte de grado cero... objeto inesperado, caja de Pandora de la cual salen todas las categorías del lenguaje". (14) El acto de nombrar es una manera de objetivar el universo y devolverle a la Palabra su significado primordial. Así, después del caos que representa la primera parte del libro, cuando *Perséfone* reina en el mundo interior, el narrador, como *alter ego* del poeta, se complace en dejar que las palabras adquieran un valor independiente, "enciclopédico", según terminología barthiana.

En consecuencia, con *Perséfone* la poesía de Aridjis se instala dentro de la tradición moderna de crítica al discurso relacional o clásico; y en dicho proceso aspira a salvar la distancia entre la palabra y el objeto que ésta designa.

La concepción artística que se configura en las tres obras brevemente reseñadas hasta aquí, responde con bastante exactitud a la categoría de "poesía órfica", definida por un crítico como aquella "cuya esfera de actividad está gobernada por la unidad mítica o ideal entre la palabra y el ser y cuyo poder se extiende... más allá de la formación de una obra, hacia la creación del mundo". (15) Dicha actividad poética no busca la trascendencia en aislamiento, es decir, no es una estructura lingüística que se contiene a sí misma, sino que se concibe en relación a los objetos naturales que nos rodean, los cuales aparecen dotados de vida propia. La noción del ejercicio poético que Aridjis nos entrega en su obra podría parecernos, por momentos, utópica, y lo que es peor,

---

(13)   Rolan Barthes, *El grado cero de la escritura* (traducción al español de Nicolás Rosa), Argentina: Siglo XXI, 1973, p. 48.

(14)   Ibid, p. 53.

(15)   Gerald Bruns, *Modern Poetry and the Idea of Language* (New Haven: Yale University PRess, 1974), p. 1. *La traducción es mía.*

superada o anacrónica. Esta percepción, desde luego, es errónea. Para buscar las bases ideológicas de su peculiar visión del mundo no hay más que recordar que Homero Aridjis pertenece a la tradición de poetas "religiosos", con todas las implicaciones que dicho término conlleva, y que, por lo tanto, su cosmovisión está regida (o condiconada) por el espejismo de la armonía universal. El poema que abre la primera sección del libro *Los espacios azules,* por ejemplo, es una verdadera invocación religiosa, cuyo tono va a predominar en todo el volumen:

> A los nombres secretos
> que el agua lleva
> a los nombres
> que el aire toca en la luz
> a los nombres
> que el fuego eleva en la llama
> a los nombres
> que la tierra abre en flores
> al blanco universo vivo
> que bajo mi cuerpo duerme
> a todo el hombre
> a Él
> a los nombres secretos (16)

Mediante ese acto de devolverle al nombre (a la palabra) su poder gestador y vital, Aridjis se coloca no sólo dentro de la tradición de la poesía religiosa de todos los tiempos, sino que con ello demuestra, asimismo, su filiación a los enunciados teóricos de Octavio Paz, quien en *El arco y la lira* propone una estética connotativa del lenguaje, basándose en un sistema analógico cuyas raíces se encuentran en la tradición romántico-simbolista de las correspondencias. En la estimativa paceana "El habla es un conjunto de seres vivos, movidos por ritmos semejantes a los que rigen a los astros y las palabras". (17) Tanto la obra de Paz como la de Aridjis reflejan esa visión romántica del universo según la cual "El mundo es poema; a sus vez, el poema es un mundo de ritmos y símbolos. Correspondencia y analogía no son sino nombres del

---

(16)   Homero Aridjis, *Los espacios azules* (México: Joaquín Mortiz, 1968), p. 11.

(17)   Octavio Paz, *El arco y la lira,* 2a. ed. correguida y aumentada, (México: Fondo de Cultura Económica, 1967), p. 51.

ritmo universal". (18) De acuerdo con este concepto baudelariano de la escritura, expresado lúcidamente por Paz, la misión del poeta es evocar las palabras capaces de transmitir "con sonido, color y temperatura" —como pide también Aridjis en uno de sus textos— esos ritmos y símbolos que hacen posible el poema. En *Los espacios azules*, el joven poeta mexicano expresa lo que podría entenderse como un concepto cosmológico del ejercicio poético: "las imágenes se dibujan en el cielo/ para que el hombre copie en ellas la vida". (p. 40) Esa visión poética también parece tener su antecedente inmediato en la obra de Octavio Paz. En *El arco y la lira*, libro fundamental para conocer el pensamiento del autor, este llega a declarar que "la fusión —o mejor: la reunión— de la palabra y la cosa, el nombre y lo nombrado, exige la previa reconcialiación del hombre consigo mismo y con el mundo". (19) En un poema en prosa de *Ajedrez/Navegaciones*, Aridjis se declara beneficiario de esa reconcialiación o "armonía" universal, a lo cual se llega por medio del ejercicio poético:

> Escribo por amor a ciertos nombres... Escribo
> porque soy efímero, y la vida es breve y dura
> y sorprendente. Y me siento en armonía conmigo
> y con los hombres. (20)

Este pasaje permite llegar a varias conclusiones. En primer lugar, para Aridjis, el poeta, más que un mago en el sentido que le daban Huidobro y los vanguardistas, es un "encantador solitario" (título de uno de sus libros); y la función del poeta no es "cambiar la vida", como proponía Rimbaud, sino eternizar el momento que pasa, fijando todo lo fugaz y transitorio de la existencia por medio de las palabras. Consecuentemente, la crítica de la escritura, que es el envés de aquella otra conciencia crítica de la historia, y a la que como poeta de su tiempo tiene que atender, adquiere en Aridjis esa forma de voluntario desafío del lenguaje convencional, que en él, ya en términos de la práctica, es más desconfianza que verdadera agresión. Más que la irreverencia ante el lenguaje,

---

(18)   Octavio Paz, *Los hijos del limo*, p. 95.

(19)   Octavio Paz, *El arco...*, p. 37.

(20)   Homero Aridjis, *Ajedrez/Navegaciones* (México: Siglo XXI, 1969), p. 209. Otras citas posteriores de este libro se indicarán mediante las siglas A/N, seguidas del número de la página correspondiente.

lo que advertimos en Aridjis es la exaltación de lo virginal que encierra el concepto de Creación.

> Los hijos del hombre hacen su universo
> sobre un barco de papel que se destroza
> pero la alegría no está precisamente ahí
> sino en la creación de otro universo. (A.R., 39)

Como en casi todos los miembros de las más recientes promociones de escritores mexicanos, en Aridjis se da el espíritu de aventura y experimentación con el lenguaje. Pero dicha experimentación —y quizá sea éste el rostro más personal de su quehacer poético— se detiene en el hallazgo de la palabra inocente, pura, desnuda, plena en su ineditez, antes de que la maraña del lenguaje la esturbiara y agostara. Hay que desbrozar esa maraña para que la palabra quede salvada; y esa salvación se le hace imperiosa a Aridjis, como se comprueba en sus libros posteriores: *Quemar las naves,* donde desde el título mismo se descubre ya el propósito de romper con el pasado para comenzarlo todo de nuevo, y *Vivir para ver,* en el cual el compromiso con la poesía se equipara con el que siente el poeta por sus semejantes.

Por razones de nuestro tema, que ya por definición se dirigía a problemas específicos de poética, no hemos calado sino muy incidentalmente en estos sustratos de la intencionalidad última de la poesía de Aridjis, a cuya luz, sin embargo, es donde aquellos problemas sólo alcanzan su total sentido. Frente a la poesía de *compromiso* —en el sentido político del término— de varios de sus compañeros de generación, la obra de Aridjis puede llegar a ser tan "radical" como la de aquéllos. Ese "radicalismo" consiste, precisamente, en atreverse a rechazar toda retórica de índole social o historicista en su poesía. Y no es que Aridjis se niegue a aceptar la validez de la poesía de la historia, sino que, como ha expresado Octavio Paz, "la poesía de la historia no puede confundirse con la propaganda en favor de esta o aquella causa, aun si esa causa fuese la mejor del mundo... La poesía de la historia tampoco puede consistir en el comentario moral o cínico del poeta didáctico o del satírico. La poesía de la historia brota de saber que no estamos ante la historia sino *en* ella: somos historia" (21)

---

(21)   Octavio Paz, "Laural y la poesía moderna (segunda parte)", *Vuelta,* No. 71 (Oct., 1982), p. 31.

Poeta audaz, contradictorio, Homero Aridjis desafía, aun dentro de su contemporaneidad, todo intento de clasificación fácil o acomodaticia en el cuadro de la poesía mexicana actual. A sus compañeros de promoción lo une el temperamento crítico ante la tradición poética de su país y ante el ejercicio de la escritura misma. Su última obra consultada, *Espectáculo del año dos mil*, nos revela un mundo caduco, apocalíptico, alucinado y alucinante. El poeta propone una serie de interrogantes ante el misterio de la existencia. El mundo "previsto" representa una serie de espectáculos en los que el pasado y el futuro se yuxtaponen y se confunden mediante signos anunciadores de un final previsible, al que únicamente sobrevive la fuerza universal del amor ("descarnados los cuerpos, sólo queda el amor"). Los experimentos a nivel temático y expresivo —la obra participa de los elementos esenciales del teatro mítico y de la representación colectiva— abren nuevos interrogantes sobre uno de los poetas más destacados de su generación, cuya obra no hemos hecho más que esbozar en estas breves notas.

Eduardo Casar

SOBRE "LA ESPIGA AMOTINADA"

En el año de 1960 el Fondo de Cultura Económica edita un libro singular: *La espiga amotinada,* que reúne los siguientes breves libros de poesía: *Puertas del mundo,* de Juan Bañuelos; *La voz desbocada,* de Óscar Oliva; *La rueda y el eco,* de Jaime Augusto Shelley; *Los soles de la noche,* de Eraclio Zepeda y *El descenso,* de Jaime Labastida. Estos poetas pasarán a ser conocidos como el grupo de "La espiga amotinada"; un grupo constituido, al principio, de manera involuntaria, unido por la amistad y por lecturas e inquietudes comunes. "Poco a poco, sin embargo, —señala Jaime Labastida— la continua crítica entre nosotros integró lo que podríamos llamar una cierta tendencia en cuanto a la manera de resolver los problemas que la creación de la poesía nos presentaba". (1)

Cinco años más tarde la misma editorial publica *Ocupación de la palabra.* Nuevos poemas de *La espiga amotinada,* en el que los mismos poetas (en el orden mencionado) reunían los siguientes títulos: *Escribo en las paredes, Áspera cicatriz, Hierro nocturno, Relación de travesía,* y *La feroz alegría.* Posteriormente, los poetas de "La espiga, publicarían sus nuevos libros ya por separado.

Al hablar de la "Espiga amotinada" es inexcusable señalar que se trata del único grupo, desde el de los "Contemporáneos", que se presenta conscientemente como tal en escenario de la literatura mexicana; engarzado por preocupaciones similares y comparti-

---

(1) Entrevista inédita con Jaime Labastida.

das, tanto en lo que se refiere a problemas formales y estilísticos, como en lo tocante a una visión del mundo. No es raro que dentro de la vida literaria de nuestro país se constituyan "grupos", por lo general bajo la sombra de un escritor o casa editorial o revista; sin embargo, se trata de asociaciones efímeras, justamente por carecer de aquello que tenía "La espiga": un proyecto cultural (un sentido amplio; por consiguiente también un proyecto del hombre) explícitamente compartido, en el que, de un modo general, podrían reconocerse dos vertientes: una posición orientada al apoyo de las causas progresistas y un rechazo a la reducción simplista de las relaciones entre vida y poesía.

El primero de estos aspectos (la postura ética y política) condicionó la actitud de gran parte de intelectuales mexicanos hacia "La espiga amotinada", creándose y fortaleciéndose desde entonces, los dos principales lugares comunes que rodean al grupo: a) los de "La espiga" escriben todos igual y b) son autores de poesía política, con mensaje, de donde se sigue que no hacen "verdadera poesía".

El prólogo a *La espiga amotinana* fue obra de Agustí Bartra: en él que se señala que "el tema central de los cinco poetas es el del hombre." El poeta español anota ahí lo que considera el rasgo definitorio de la poesía de los integrantes del grupo: el de ser una poesía que nutrida de la experiencia, reinvindica sus relaciones con la realidad. En el libro, cada uno de los integrantes precedía sus poemas con una especie de declaración de principios: extraigo de ahí las siguientes proposiciones: "La poesía de hoy debe estar orientada como una 'violencia organizada: en contra del lenguaje poético y el cotidiano, que están al servicio de una clase en decadencia, la que hace que esos lenguajes sean retóricos y conservadores. Es una necesidad psicológica y social, y no el gusto exagerado de perfección o esnobismo, lo que debe obligarnos a saquear el tesoro del idioma, a buscar "la palabra justa" (Bañuelos). "Saber comprender las angustias y ansias de libertad del hombre contemporáneo, y decir todo esto, siempre desde el lugar mismo de los acontecimientos, con las palabras más ardientes, desnudas de todo ropaje innecesario, destacando estos mensajes por encima de las cabezas miserables, como una sima violenta." (Oliva). "Caminar *entre* los hombres no es lo mismo que caminar *con* los hombres... esto se aprende. Yo lo aprendo" (Shelley). "Creo que la poesía debe ser sencilla, clara, casi un ponerse a hablar con un amigo; por lo tanto, en mi obra, quiero evitar rebuscamientos, limaduras infinitas, tono doctoral. He dicho una poesía sencilla, mas no intrascendente; hacer esto equivaldría a caer en un doble error: no hacer poesía y no ajustarse a nuestro tiempo" (Zepeda). "Nuestra época es de crisis. Y pienso que un poeta que fuese pasivo reflejo de esta época, sería un poeta en crisis. Pero el arte no es contemplación. La obra de arte no es un espejo de lo real externo, porque contiene un elemento inevitable: el hombre. El artista conquista la realidad, no se somete a ella. El arte es guerra y no impongo la obligación de encontrar caminos de certeza. Por eso estoy con los luchadores y no con los evasivos" (Labastida).

La posición humanista que concurre el proyecto de "La espiga," al incertarse en los acontecimientos más relevantes de la época en el plano político, se concreta en el sentido de una posición pro-socialista. Labastida, quien ha sido el que se ha ocupado mayormente por clarificar la naturaleza específica del grupo, señala: "Dos hechos marcaron mi despertar —y el despertar de mi generación— a la vida política. Los dos se produjeron de modo casi simultáneo y, pese a su evidente signo contradictorio, pese a su diferencia en cuanto a su ubicación, determinaron nuestra fidelidad, desde entonces, a la causa de la clase obrera. El primero fue una derrota (la del movimiento ferrocarrilero en 1959 en México), el segundo una victoria (la de la Revolución Cubana en el mismo año): ambos arrojaron luz sobre nuestra conciencia, porque también las derrotas enseñan, y en ocasiones tanto como las victorias." (2)

La otra vertiente del "proyecto" de "La espiga" (el rechazo a la reducción simplista de las relaciones entre vida y poesía) se concretó en una búsqueda formal atenta y vigilante que implica una recuperación de la tradición de la poesía mexicana, al propio tiempo que una apertura hacia la poesía que se estaba haciendo en América Latina. (Esta mirada hacia el continente es poco frecuente en la poesía mexicana, en general volcada hacia el

_____

(2) Ibidem.

interior de las fronteras nacionales). Sobre este rechazo (es decir, sobre esta búsqueda) puede mencionarse algo que aclara, de paso, uno de los lugares comunes mencionados: "En ocasiones, pues, hago-hacemos-poesía de tema político, no política poética. Sabemos que el combate que el poeta tiene que dar es fundamentalmente, al menos en el terreno poético, con el lenguaje. Y así como pensamos que se puede hacer un buen o un mal poema amoroso, se puede hacer un buen o mal poema con tema político". (3) Esto último es importante: la posición política del grupo acarreó la reiteración del lugar común según el cual poesía y política son inconciliables (esto se piensa así sólo cuando la política esta a favor del socialismo), lo que equivale a decir que es el tema y no la manera de tratarlo lo que da valor a un poema (hay panpletos amorosos).

"Una obra de arte —decía Rilke— es buena cuando brota de la necesidad". Y completamente más tarde: "ser artista quiere decir no calcular ni contar: madurar como el árbol, que no apremia a su savia, y se yergue confiado en las tormentas de primavera, sin miedo a que detrás pudiera no venir el verano". (4) Esto es válido a propósito de las poesía que con tema político, hacía el grupo de "La espiga amotinada". Cuando en el año de 1968 ocurrió la matanza de Tlatelolco, casi no hubo poeta importante que no escribiera al menos un poema alusivo a ella: concurrió, sin embargo, a la mayoría de ellos, "el gesto fácil de la imprecación." Bañuelos, con el poema "No consta en actas" y Oliva, con el libro *Estado de sitio,* no cayeron en esta trampa. "En ninguno de estos dos poetas aparece el signo luminoso que atraiga desde lejos al posible lector descuidado: 'mira, aquí hablo de Tlatelolco'. Ambos pretenden que el texto poético se soporte en él mismo y no en su evidente relación con la realidad (trascendida, por ello; reubicada como material literario; rescatada en su significación simbólica)." (5) Esto sucedió así no sólo porque ellos tuvieran experien-

(3)   Ibidem.

(4)   Rainer Maria Rilke, *Cartas a un joven poeta* (Madrid: Alianza Editorial, 1980) 26 y 24.

(5)   Jaime Labastida, "La poesía mexicana (1965-1976)," *Revista de la Universidad de México* agosto 1976: 3.

cia en el tratamiento de estos temas (aunque esto contó, sin duda), sino, además —y esto es aplicable al grupo en su conjunto—, porque para "La espiga amotinada" la dimensión social, política, fue desde el principio una necesidad verdadera. Cuando un tema, una dimensión de la realidad cobra este carácter necesario y el poeta elude los esquemas preconcebidos e intenta dar a cada nuevo contenido la forma que le es propia, el poema es, al menos, posible. Gabriel Zaid formula este problema con palabras exactas: "Lo fallido es el impulso postizo, el temblor que no lo es, la supuesta posesión fatal que es perfectamente evitable (...) todo ser humano que se enfrente a sus deseos, sus deseos reales, no sus deseos oficiales, se queda sin camino, y (...) todo lo que ande a partir de ahí, mientras no lo domine el afán de dominio, ni su espontaneidad se vuelva postiza, es estrictamente creación. (6)

En atención al primero de los lugares comunes ya mencionados, veamos brevemente la especificidad de la poesía de cada uno de los integrantes de "La espiga", así como las contradicciones de su evolución.

"¡Ay, escribir sin medir camino ni palabras: no tropiece mi lengua para fundar el orden y la vida!". Así dice Bañuelos en un poema de su primer libro, *Puertas del mundo*, En éste la poesía de Bañuelos se desenvuelve en versos largos, en un tono discursivo y desenfadado, desaliñado casi. Se manifiesta desde aquí una de las características más señaladas del poeta: su preocupación por la métrica:

> Y con plomo en la voz voy arrastrando
> libre un tiempo feroz de cataclismo.
>
> ("Y con plomo...")
>
> No vivió la rosa más allá de su aroma.
> Ni existió el pájaro más acá de su canto.
> Jamás fue el agua dueña de su forma
> ni existió la lágrima fuera de su llanto.
>
> ("Esencia real II")

---

(6)   Gabriel Zaid, *Leer poesía* (México: Joaquín Mortiz, 1976) 46 y 49.

No es éste, empero, más que un despuntar experimental que irá desarrollándose plenamente en libros posteriores. El tono predominante de este primer libro es abrupto y cuajado de voces y puntos de vista heterogéneos:

> En el hueco de las horas
> ahí me duermo. Deletreo mi ser,
> y vuelve a abrir los párpados la calma
> (!Qué libertad el sueño!)
> Mientras añado magnitud al cielo,
> repite el que dejo en la puerta:
> —asno impaciente sobre el camino de la palabra,
> toca de nuevo la flauta;
> mientras una estrella rompe la noche
> dale duro, araña, a tu danza.
> Y repite, insiste, el que dejé en la entrada:
> —reposa tú, lagarto, con la cabeza tendida en la playa.
> ¡Quítese los ojos la luz,
> pero tú, tú, Dos de la mañana,
> desátame las manos,
> que está colgado mi cuerpo de mi alma!

("Escrito en la puerta al sur de la ciudad")

Escribo en las paredes, incluído en *Ocupación de la palabra* revela un desarrollo en la poesía de Juan Bañuelos: lo mismo ocurrirá con *Espejo humeante,* publicado tres años más tarde que este último:

> Quema la tarde y desollando casas
> Vienen las sombras, y en el plomo abierto
> Nace el olvido y en los trajes nacen
> Tiempos perdidos.
>
> Qué noche suena por tu ausencia toda.
> Toda se queja y en la hierba suben
> Bajo la gula de las nubes altas,
> arpas de miedo.

El dominio de una diversidad de metros, ritmos, estrofas es notable en este segundo libro. Sus imagenes poseen una mayor racionalidad interna:

> Y el sufrimiento que se va alargando
> Como un machete cuando se desenvaina.

Los dos, llamémosle así, caminos fundamentales de la poesía de Juan Bañuelos, el versículo discursivo y el poema medido, musical, se perfeccionan y alcanzan un alto nivel de calidad en *Espejo humeante*, libro con el que Bañuelos obtiene el Premio Nacional de Poesía de Aguascalientes (cuando este se instituye).

En esta breve exposición de trayectorias debo ceñirme, necesariamente, a aspectos representativos; de acuerdo con esta limitación hay que señalar que los dos caminos de Bañuelos (y, consiguientemente, la riqueza de su quehacer poético) se expresan de manera pregnante en dos poemas de este libro: "Fusil, hoja que conmueve a todo árbol" y "Canto de verano". Del primero, dedicado al Che Guevara, son estos fragmentos:

Y llueve, Llueve friamente. El día no es más que un dedo que
a perdido su anillo. Pero ¿qué diablos tenemos tú y yo que
ver con la muerte? ¿Qué diablos?
Es que me refiero a esa manera congruente, acordonada tortuga
de la sangre en donde la desgracia abufanda sus ayes. Es que
me refiero a este desaforado equilibrio en el alambre, como
aquél que suelta el asa de su cesta a la hora en que se oye
un silvido entre las hojas y ve a dos sombras de caballos que
se mueven en la noche.
No, yo no tengo paciencia para sufrir, no me puedo dar un
baño sin figurarme que soy un animal tolerado en un hotel.
todo esto es cierto, y aun así quieren que escriba algo acerca
de tu ausencia.
Sin aceptar la muerte sino solo cuando bosteza entre los frutos
quietos, amigo, yo apoyo mi mano en el silencio, en la pared,
y la pared se queja.

Del segundo, los siguientes:

Como entiendo la triste respuesta que dan los caminos.
Como escucho la hierba que crece sedienta a mi espalda.
Soy silencio al acecho de un sol invisible
que suture la herida que lame la sombra dejada
en el hierro candente que vibra si se hunde en el agua.
(...)
Me da el viento en los ojos,
me da el eco en la sangre,
me da en toda la vida el sabor de la yedra de tu escalofrío.
Y no quiero buscarte y no quiero ceñirte a mi sombra
y no quiero sentir que es tu boca de piedra
por temor de apagar esta cima de llamas
y sentirte distante.

Si bien el resto de los poetas de "La espiga" han andado por el primer camino (con matices y pasos diferentes), ninguno de ellos ha transitado por el segundo. La diversidad formal, la multiplicidad de rostros y dimensiones técnicas de la poesía de Bañuelos, ha desembocado no final pero si afortunadamente, en una actividad para la que dicha diversidad es óptima: Bañuelos ha dedicado buena parte de su tiempo a los talleres literarios, ha sido el vigilante maestro de muchos jóvenes poetas. Sigue escribiendo. Prepara un libro, *La guitarra azul*, del que conozco este poema:

cuando cambian de rostro
se desnudan
los hombres
y las cosas.

Óscar Oliva es un poeta más abstracto y obsesivo: el propio cuerpo y sus derrumbes y desprendimientos, los enseres cotidianos, el acto de escribir y la violencia, son sus determinaciones temáticas recurrentes.

Con el zumbido de la fiebre en el claroscuro
de las paredes
Con medicamentos y nubes
En el ojival discernimiento del dolor
Aparejo las figuras abstractas que hay entre mi
y la luz
A las simétricas palabras que han mediado
de mis labios a la tinta
Cuando decidio mi primer impulso anotar sensaciones
ramales
Cartilagos hinchados por el odio culpable
de estas manos.

(de *Aspera cicatriz*)

La escasa variedad formal de los poemas de Oliva tomados individualmente, o su constancia estilística, como quiera verse, halló un territorio idóneo en *Estado de sitio* (su primer libro publicado fuera del grupo, y con el que obtuvo el Premio Nacional de Poesía en 1971). Se hizo evidente aquí la característica más señalada de la poesía de Oliva: su búsqueda de una estructura coherente para un conjunto de poemas; cada uno de estos es (un poco como en una novela) un momento de una sola obra amplia;

cada uno implica un desarrollo, una profundización de un mismo devenir, de una misma espiral poética. Era ésta una de las opciones hacia las que, lógicamente, podría desenvolverse el tipo de poema que experimentaron casi todos los integrantes de "La espiga" en su primer libro.

"Oliva (...) creó la atmósfera total del terror y la represión a lo largo de (...) *Estado de sitio.*" (7) En efecto, la poesía de Oliva es una poesía "de atmósferas": a través de versos contundentes, intempestivos ("Es como si escribiera con la mano metida en la sangre"/ "hoy me calzo de cólera"). Óscar Oliva logra un clima, un estado de ánimo específico.

> Un pequeño espectáculo,
> un autoengaño inocente,
> es el de dormir en casas,
> en camas sólidas,
> bajo techo seguro,
> estirados o encogidos.
>> Las declaraciones de los jefes civiles y militares,
>> llegan a través de todos los canales y medios de información
>> porque el fuego ara
>> en el techo
>> con bueyes de ceniza Ante las detenciones
>> en masa, la conmoción popular ha aumentado.
>> Ya prende
>> garras en las cortinas
>> ya mi lengua golpea
>> furiosamente a mis dientes.

Jaime Augusto Shelley ha publicado, independientemente de los libros que publicó en grupo, otros dos volúmenes de poemas: *La gran escala* (en 1961) e *Himno a la impaciencia* (en 1971).

Es quien más acusadamente muestra la influencia de Octavio Paz ("Van las sombras como cuerpos/Los cuerpos como viento") ("que un guante apenas una confusión un deseo"). Es, además, el más mesurado del grupo; sus poemas parecen sugerencias, eficaces sobre todo en dimensiones más individuales que colectivas:

> No me detengas ya
> no me dejes en el fósforo creciente

---

(7) Jaime Labastida, "La poesía mexicana...," Op. cit. 3.

rosedal de furias
　　　　para herirme
bastan las cenizas y las sedas
y los gritos de tus huellas tibias por la casa
Dejate tus musgos
tus naves enemigas rondándome la espera
tu hiedra roja de semillas
allá donde el verano hincha las cadenas
　　　　　(de *Hierro nocturno*)

Desde su primer libro hasta el último, Shelley se ha vuelto más anecdótico; sin embargo, aun aquellos poemas en los que predomina la narración de un acontecimiento por encima de las imágenes a los versos sonoros, dejan la sensación de algo trunco, inacabado. Pese a este desplazamiento hacia lo anecdótico, la poesía de Shelley es, dentro de la de los integrantes de "La espiga" la que ha sufrido una transformación menor: alguno de sus poemas de *Himno a la impaciencia* bien pudieron haber aparecido en La rueda y el eco. El poema "Carta a Óscar Oliva," aparecido en el himno... añade una lúcida mirada sobre el terreno social que engendró al grupo:

Incontenivelmente anochecemos y la confianza se torna amarga
　　　　de distante...
Esta es ya la otra vida, compañero. De pronto se acabaron los
sueños. Este es el Siglo joven y vivimos el crimen de
otra guerra. Nuestra voz se inicia en la violencia, concluye
en la violencia. Interminables crepúsculos de sangre para
inaugurar el día. Ese día en que el pan y el vino amargarán
los vientos hasta hacerlos estallar. No habra salida posible
para nadie. Escojamos, pues, los sitios y las armas.
　　　　　¡Aquí todo será fruto de tormenta!

Eraclio Zepeda ha publicado, además de los libros de poemas junto con el grupo, otro en Cuba: *Compañía de combate* (1965) y los libros de cuentos: *Benzulul* (1959) y *Asalto nocturno* (1975), con el cual ganó el Premio Nacional de Cuento 1974; su obra de teatro *El tiempo y el agua* se estrenó en Chiapas en 1965. Es, pues, el miembro más versátil del grupo en lo que se refiere a la diversidad de géneros literarios.

"Creo que la poesía debe ser sencilla, clara, casi un ponerse a hablar con un amigo, señalaba Zepeda en las palabras que antecedían a *Los soles de la noche*. Efectivamente, se trata del poeta más sencillo del grupo, menos atropellado (hablo comparando los dos primeros libros de cada poeta de "La espiga"; es decir, aquellos publicados colectivamente), con una configuración formal más coherente y, sobre todo, armónica. *Los soles* es un libro unitario, tanto desde el punto de vista formal como temático: intenta recuper y recrear el estilo de la poesía indígena, prehispánica.

> Para enseñarme el mundo, mi casa tenía
> una ventana más grande
> que el ojo del aljibe.
> Hizo ya mucho tiempo, amiga, que yo tuve esta casa.

Sus versos son más seguros y más fácil su lectura:

> Los días saltan por las ventanas abiertas,
> nos lavamos la cara en las mañanas,
> se abandonan los cabellos en el peine
> y, de pronto, en in brusco movimiento,
> comprobamos que debajo del retrato
> una mancha amarilla ha florecido.
> Sujetos al tiempo, estamos
> como el gavilán en la tensa cruz del vuelo.

Su segundo libro de poemas, *Relación de travesía*, desarrolla esta cualidad de una manera extraordinariamente eficaz. Su poema "Asela", contenido aquí, es, acaso, uno de los mejores poemas de amor de la literatura mexicana:

> Eres la mar profunda habitada de sorpresas: hay
> peces extraños en tu vientre, sueño de marino en la
> baranda, viejos navíos sepultados en el fondo.
>
> En el centro que vibra con las olas guardas un nido
> brutal de tiburones, una perla que se agita entre mis
> labios, un banco de coral bajo el delirio.
>
> Tu eres la mar con alegres bocanadas, arenas que me
> cubre en la playa y algas que en mis puños se derraman.

En su segundo libro Eraclio Zepeda retoma la recuperación del tono indígena que había iniciado en el primero:

> Fue así que en las noches nos reunimos.
> Con las mujeres, con los niños,

con el temor sacudiendonos la sangre.
Abandonamos a los violentos, a los iracundos,
en el sueño pesado quedaron.
A solas con su oficio de deguello.

Fuimos divididos a causa de las armas;
a causa de las armas rompimos nuestro linaje,
fuimos separados.

Poemas como "Asela", confeccionados como cartas de canto y conquista amorosa en los que siempre está presente un destinatario concreto, conformados con una emotividad plenamente inteligible, recobran, a mi juicio, una dimensión esencial de la poesía: la de ser un vínculo intenso entre dos individuos.

Jaime Labastida ha publicado, después de los que aparecieron colectivamente, dos libros de poesía: *A la interperie* (1975); y *De las cuatro estaciones*, (1981) con el que obtuvo el Premio Internacional de Poesía de La Paz, Bajacalifornia. La obra de Labastida abarca, además, el ensayo: *Producción, ciencia y sociedad: de Descartes a Marx; El amor, el sueño y la muerte en la poesía mexicana; Humboldt, ese desconocido,* son otros de su libros.

La poesía de Labastida ha sido objeto de un desarrollo consciente y una búsqueda rigurosa. El ha dicho que "Vallejo no solamente tiene influencia sobre mí, sino sobre el grupo de "La espiga" todo. Teníamos larguísimas sesiones de lectura y de crítica de Vallejo desde que empezamos a reunirnos en 1957. Hay otro poeta cuya influencia sobre nosotros conviene destacar y es José Gorostiza, que también fue objeto de largas lecturas por parte nuestra. La influencia de Gorostiza es también una influencia presente, sobre todo en algo que me parece decisivo, en el intento, que pocas veces se hace, de construir un poema unitario, largo, con todos los problemas que acarrea la construcción de un material poético tan denso como el de Gorostiza". [8] Estas palabras son evidentemente válidas para la poesía del propio Labastida, no se que tanto para la de los demás integrantes de "La espiga". Su afán por lograr ese largo "poema unitario" lo ha llevado a recorrer un amplio abanico de aspectos formales y a consolidar un dominio técnico poco común en la actual poesía de

---

(8)   Jaime Labastida, entrevista citada.

nuestro país. En *Obsesiones...* está presente un tipo de poema que integra una variada gama de materiales diversos: información histórica, científica, ficticia, vetas emotivas, filosóficas, sensibles.

El hierro se oxida, la madera se pudre.
Sólo el trabajo resucita de entre los muertos
estas máquinas frías. Lamidos por el fuego,
los cuerpos se levantan. Se pone en pie
el cuchillo, dominado; la palanca habla el
      lenguaje
más nítido y humano. Los platos, las ollas,
las piedras de moler que antes golpearon
las caras de los hombres de madera, aquí vienen
      ahora,
controlada su rabia, a lamernos las manos.

Venecia 30 de diciembre (Vía Satélite).
Hoy empieza a ser tomado por asalto
el cielo, porque donde la fe
reino durante mil años ahora reina la duda.
De pronto la boveda celeste se ha destruído
y las constelaciones y las nebulosas
aparecen como un enjambre, un cúmulo de
      estrellas.
Es cierto que somos, frente a los astros,
como topos ciegos, pero nuestros ojos turbios
se aclaran con el telescopio. La tierra tiembla...

El desarrollo de la poesía de Labastida y las enormes exigencias formales que se ha impuesto poseen un sólido fundamento: una creciente profundización en el lado no aparente de la realidad. La poesía es, para Labastida y las enormes exigencias formales que se ha impuesto poseen un sólido fundamento: una creciente profundización en el lado no aparente de la realidad. La poesía es, para Labastida y para sus lectores atentos, un medio de conocimiento a la par que un medio de construcción y enriquecimiento de la sensibilidad.

En algún lado he escrito que "Se trata de una poesía filosófica cuyo cuerpo está configurado por una conciencia que se ahonda y vertebra, con medios específicos, 'una dura entraña de sinceridad emotiva' ". (9) Lo sostengo aún. Pero me interesa asentar clara-

---

(9) Contraportada de la edición de *Obsesiones con un tema obligado* (México: Siglo XXI, 1975).

mente que la poesía de Labastida no es una poesía intelectual en el sentido de que su objeto sean típicos culturales o referencias eruditas: su sabiduría radica en la multiplicidad de dimensiones humanas que logra abarcar profundamente.

> Por un brazo de mar, quizá de tiempo.
> Lastimados tal vez de tanta ausencia.
> Separados por luz, ya lesionados.
> Sangrantes: pequeñas, suaves
> plumas caídas en el pecho turbio
> de la inocencia. Gota de agua
> resbalando en la piel, así el recuerdo.

Óscar Wong

LA MUJER EN LA POESÍA MEXICANA

Hasta la fecha aún no existe el concepto de poesía femenina. Héctor Valdés, por ejemplo, en su libro *Poetisas mexicanas — Siglo XX—*, (1) que pretende ser la culminación del estudio de José Ma. Vigil, (2) no indica ningún conceptó esclarecedor al respecto: simplemente se concreta a enumerar la producción de las mujeres mexicanas. Destaca que en el siglo XIX no haya ninguna poetisa representativa, aunque al finalizar el siglo nace María Enriqueta Jaramillo de Pereira, la cual destacará en los primeros lustros del nuestro, a la par de otras menos conocidas.

Enrique Jaramillo Levi, en su libro *125 mujeres en la poesía mexicana del siglo XX,* (3) tampoco da una respuesta específica. De hecho no considera el concepto de "poesía femenina", aun cuando señale algunos rasgos pertinentes en la expresión de las mujeres, tales como el lenguaje intimista, el amor (para celebrarlo o lamentarlo), lo místico-religioso y, desde luego, la problemática social. Jaramillo Levi maneja algunas actitudes características en este tipo de producción poética, pero no llega a puntualizar una idea exacta, justa, sobre el término que ahora nos importa. El crítico señala que, "aunque empieza a manifestarse una eferves-

---

(1) UNAM, Méx., 1976.

(2) *Poetisas mexicanas (siglos XVI, XVII, XVIII y XIX)*, Méx., 1893.

(3) Promexa Edit., Méx., 1981. El estudio es capital por cuanto rescata y valora la obra de un buen número de mujeres hasta ahora desconocidas en el ámbito literario.

cencia «feminista» entre ciertos núcleos femeninos de la población en México y en algunos otros países latinoamericanos, todavía no se da una «poesía feminista» estéticamente realizada que acompañe y exprese estas inquietudes". (4)

En efecto, el campo conceptual continúa virgen, aun cuando el interés por el tema llegue a otros ámbitos. Por ello, Isabel Fraire manifiesta lo siguiente: "La «sensibilidad femenina», existe sólo cuando la mujer trata de adaptarse a un cartabón social (el amor, la ternura, la abnegación, la dulzura, esa esperada hipersensibilidad). Cuando una mujer asume su temática, lo que significa ser mujer, como es el caso de Sylvia Plath, entonces hay una diferencia con la temática del hombre, claro. Pero en estos casos la sensibilidad es todo lo contrario de lo que se supone femenino: es violenta, amarga, rencorosa, cerebral, dura. Así es la obra de Sylvia Plath. No es que exista una «sensibilidad femenina», no, sino que ésta ha sido el producto histórico de la limitación y programación pedadgógica de la mujer". (5)

Fraire en su conversación con Jaramillo Levi, es clara, contundente: la humanidad es reflejada en la mujer —incluso a través de la amarga contradicción—: las pasiones y sentimientos son, de hechos, asexuales; cuando son expresadas por el hombre, la perspectiva es masculina y cuando es por la mujer, la óptica es femenina. La circunstancia no es de Perogrullo; la situación no es, necesariamente, evidente: ¿por qué tal o cuál género? ¿por qué masculino o femenino? En el arte, como en cualquiera situaciones, se debe hablar de Humanidad. Esto es aclarado por Fraire: "En la medida en que la mujer es honesta, se brinca la barrera de lo que se supone es su sensibilidad, y entonces te da cosas como la lucidez, la violencia, la franqueza. Se trata más bien de una manera más informada y consciente de abordar la temática de la mujer, y no de una sensibilidad especial. Las novelas de la señora Elizabeth Gaskell, inglesa, son importantísimos ejemplos de lucidez, igual que las de Virginia Woolf y la obra de Sor Juana. Otro

---

(4) V. *op. cit.*

(5) Enrique Jaramillo Levi, "Isabel Fraire: un gesto que converge en la poesía. Entrevista con Isabel Fraire". *Casa del tiempo*, No. 9, Méx., mayo de 1981.

ejemplo sería el de Emily Brontë con *Cumbres borrascosas*. Lo que ocurre es que hay seres sensibles que son mujeres". (6)

Insisto: estéticamente realizada con un *leit motiv* determinado, con tal o cual característica esencial, a la fecha no existe el concepto de literatura —o poesía— femenina... a pesar de las ponencias que las mujeres presentaron durante el IV Congreso Interamericano de Escritoras, realizado en el Palacio de Minería de la ciudad de México, en el primer semestre de 1981. Sin embargo, el concepto podría derivarse al observar de cerca la expresividad lírica de diversas mujeres mexicanas contemporáneas y conocer esa particular sensibilidad, cómo enfrentan el fenómeno poético. Para ello, me valgo de tres autoras mexicanas: Elena Milán, Kira Galván y Maricruz Patiño; me apoyo, además, en la obra de Coral Bracho (Premio Nacional de Poesía 1981, con su libro *El ser que va a morir*) y termino con Mara y Vera Larrosa enfrentadas a Hilda Bautista. Las siete autoras representan, al margen de otras circunstancias ajenas a la literatura, las tendencias poéticas más relevantes de la actualidad (en técnica y contenido).

En el caso de Elena Milán, el velo de la indiferencia cubre una obra dispersa en suplementos y revistas culturales de importancia: el "descuido" de los críticos y observadores se hace presente, una vez más, ahora que esta poeta ha publicado su primer poemario; me refiero a su *Circuito amores y anexas*; (7) en este libro, intenso, a diferencia de María Luisa "China" Mendoza —quien destaca las condiciones de las mujeres mexicanas de principios de este siglo con un aire nostálgico—, (8) Milán enumera *críticamente* la situación prevaleciente en la mujer madura, trasladada hasta la época actual. La autora, de hecho, se revela ante esta situación absurda:

> *Sus buenos sentimientos les mandaron vigilarnos como a camelias en caja de cristal:*
> *nos mantuvieron lejos de lo ofensivo, lo vil, lo deleznable, en un mundo mentiroso de príncipes con título universitario u olor a latifundio.*

---

(6) V., *op. cit.*, *ib.*

(7) Edit. Latitudes, Colec. "El pozo y el péndulo", Méx., 1979.

(8) V. *Las cosas*, Edit. Mortiz, Serie "Contrapuntos", Méx., 1976.

En *Circuito amores* observamos muy de cerca la descripción del contexto sociopolítico actual, la cosificación del hombre —y la mujer, *of course*—, la tecnocracia desfilando en cada imagen, en la ironía; de hecho enjuicia a la época, donde el individuo es metamorfoseado en número, en objeto; persisten las escenas cotidianas del amor, terca-rabiosa-ilusamente ido, recobrado. El hombre —de acuerdo con la perspectiva de esta poeta— resulta un simple macho, un semental que aspira a regocijarse con la hembra. La ironía salta, desde luego, en latigazos poéticos: *¿te gusta mi cadera?/¿tratas de adivinar si tengo rabo?/¿quieres acariciarme el pelo?/¿encontrar el brote de algunos cuernos?*

Elena Milán está atenta a los procesos sociales. La visión del mundo es materialista y acaso por lo mismo se plantea cierta libertad en sus contenidos y proposiciones poéticas: ella es una mujer "liberada" de los atavismos; una mujer contemporánea, sin complejos, inmersa en un contexto sociopolítico tal, que incluso las armas bacteriológicas del imperialismo norteamericano se presentan, en esta temática, como una virtual contingencia.

El libro de Milán es la manifestación tenaz de una mujer madura, aún joven de edad, que lucha contra la cultura varonil tradicional; deseos, inhibiciones destruídas, son las actitudes que la autora maneja a veces a través de su *discurso metonímico;* en consecuencia, la prosa y el verso se acercan hasta crear un entorno lírico único, válido en primera instancia, aun cuando formalmente pretende manejar el verso en distintos metros, a manera de prosa cortada. Iracundia y sarcasmo puntualizados por ese toque femenino como característica esencial. En resumen, eso es *Circuito amores y anexas:* el sarcasmo llevado a otras condiciones vitales; la contingencia amorosa enfrentada a la perspectiva contemporánea, visualizada por una voz de mujer, sensual y positiva, ilusionada y contradictoria. *Real,* para calificarla con una única palabra.

Del sexismo ideológico

Kira Galván (México, D.F., 1956) está más politizada que Milán; para esta joven poeta —quien por cierto obtuvo el Premio Nacional de Poesía Joven de México "Francisco González León" en 1980—, la poesía es objeto y sujeto de la historia y por lo tanto tiene la función de reflejar, críticamente, la realidad social imperante. En este sentido, la temática de Galván —el amor, el sexo, los acontecimientos cotidianos, la relación económica— persiste para entregar las contradicciones que la dinámica del mundo impone. Su poema "Contradicciones ideológicas al lavar un plato" (9) es, más que nada, una crónica de los cómo y los porqués; en este simple hecho circunstancial —asear la vajilla— se encuentra, connotativamente hablando, el enfrentamiento de clase entre el hombre y la mujer.

En el poema de Kira, la historia se encuentra presente como una virtual afirmación hegeliana, como una adecuada herramienta metodológica. Un guiño a Engels y a Marx se trasluce en los versos que se citan:

> *Contradicciones ideológicas al lavar un plato, ¿no?*
> *Y también quisiera explicar*
> *por qué me maquillo y por qué uso perfume.*
> *Por qué quiero cantar las bellezas del cuerpo masculino.*
> *Quiero aclararme bien ese racimo que existe*
> *entre los hombres y las mujeres.*
> *Aclararme por qué cuando lavo un plato*
> *o coso un botón*
> *él no ha de estar haciendo lo mismo.*
> *Me pinto el ojo*
> *no por automatismo imbécil*
> *sino porque es el único instante en el día*
> *en que regreso a tiempos ajenos y*
> *mi mano se vuelve egipcia y*
> *el rasgo del ojo se me queda en la Historia.*
> *La sombra del párpado me embalsama eternamente*
> *como mujer.*

Por supuesto que este ceremonial "insignificante" al aplicarse el maquillaje, independientemente de su origen primitivo, asume otra significación menos evidente: connota la manipulación de que son objeto las mujeres en este último tercio del siglo XX. La conciencia de Galván, siempre atenta a las relaciones sociológicas y económicas, puntualiza sobre la dialéctica, ironiza sobre la *no* superación de las contradicciones. Poéticamente hablando, el maquillaje esconde diversas acepciones:

---

(9) Carlos Monsiváis, *Poesía mexicana, 1915-1979*, t. II, Promociones Editoriales mexicanas. Méx., 1979. El mismo poema fue incluido en *Asamblea de poetas jóvenes de México*, de Gabriel Zaid (Siglo XXI, Edit., Méx., 1980).

Es el rito ancestral del payaso:
mejillas rojas y boca de color.
Me pinto porque así me dignifico como bufón.
Estoy repitiendo / continuando un acto primitivo.
Es como pintar búfalos en la roca
Y ya no hay cuevas ni búfalos.
pero tengo un cuerpo para texturizarlo a mi gusto.
Uso perfume no porque lo anuncie
Catherine Deneuve o lo use la Bardot
sino porque padezco la enfermedad
del siglo XX, la compulsión por la posesión:
creer que una botella puede reposar
toda la magia del cosmos,
que me voy a quitar de encima
el olor de la herencia
la gravedad de la crisis capitalista...

Las reflexiones de Galván son esenciales en su poesía; su voz —profundamente subjetiva, históricamente objetiva— se desenvuelve en un lenguaje directo, vital, identificado con las circunstancias de nuestro México. Las dos actitudes señaladas por Miguel Donoso Pareja —actitud rebelde y posición revolucionaria—, se encuentran presentes en Galván. En el primer caso, ciertamente, "se trata de *no obedecer, de resistir, de salirse de un orden al que se considera* —y la mayor parte de las veces lo es— *injusto.* En el segundo —la revolucionaria—, el asunto está por tirar abajo ese orden, en *cambiarlo*". (10)

La soledad, empero, también embarga a la autora; se sabe en el mundo, en la fugacidad vital, y por lo mismo se preocupa por realizar una existencia plena... a pesar del sexismo que impera en la socieda contemporánea. Incluso ha deseado comportarse como todas las mujeres, las otras, las inconscientes con sábanas limpias y cama matrimonial, TV a las diez de la noche y reunión familiar —invariablemente— los domingos. La autora pensó que *"podía llegar a ser estupidamente feliz"* en un mundo creado por los hombres. Galván es una poeta que canta al sentimiento humano, a la plenitud de las contradicciones, donde el amor —finalmente— es parte esencial de la vida y que puede transformar al sujeto y —¿por qué no?— al mundo:

(10) Prólogo de *Poesía rebelde de América*, Edit. Extemporáneos, Méx., 1971, pp. 9-10 (El subrayado es mío).

> *Soy un incendio./ Mi pelo, es el pelo de todos / porque lanza*
> *llamaradas / hacia lo desconocido. / Así es que, si el viene a*
> *buscarme, / diganle que me transformé / en una gran hoguera.*

La nostalgia del presente

Kira Galván, a mi juicio, es quizá la voz más completa en la poesía femenina de México, en vías de ofrecernos una obra inobjetable: sus recursos son variados, numerosos, y su actitud muy necesaria. En otro orden de ideas, Maricruz Patiño (México, D.F., 1959) destaca al lado de las poetas estudiadas anteriomente. Su libro *La circunstancia pesa* (11) lo confirma. Pero si en Milán la voz es ironía, volcada en eterna protesta; si en Kira Galván la poesía hurga en la Historia, en la lucha de clases y busca la superación de las contradicciones, en Maricruz Patiño la realidad pesa —también— sólo que de manera sutil. Y es que, de hecho, en Patiño los acontecimientos circunstanciales sirven para realizar una crónica de la existencia. Testigo de su tiempo, Patiño asiste a los cambios físico espirituales de manera pasiva, preocupada más por las descripciones que por las acciones mismas.

Si Galván reflexiona crítica y objetivamente, la autora de *La circunstancia pesa* se ocupa de anotar los acontecimientos cotidianos con pasividad; por ende, su voz es tranquila, con un tono clásico, paisajista, aunque de ninguna manera elude su condición vital ante lo fugaz de la existencia:

> *Lo recuerdo todo.*
> *La vida es otra y la misma.*
> *Regresa nuevamente*
> *para envolverme en la demencia*
> *de tener que nombrarla.*

Más próxima a Rosario Castellanos, la autora puntualiza como aquélla en la decantación de las relaciones, en la cultura como instrumento de observación. El pretérito, la posibilidad de la carga connotadamente antigua, vieja, asoma por entero. El amor, la nostalgia, son expresiones que naufragan en el presente: el tono de tragedia de la Castellanos surge con elegancia mesurada:

---

(11)   UNAM, Col. Cuadernos de poesía, Méx., 1979, 95 pp.

La corriente de la vida me arrastra
y en tus ramas se quedan mis despojos
y en el último lago desembocan los tuyos.
En el fluir del río me voy desmemoriando
y sólo el acabarnos persiste.
Te miro, sales de la tumba:
reviso los vestigios, los perfumes nocturnos,
reconstruyo el principio
y todo ha sido lo mismo: decantarse.

Por supuesto que, en ocasiones, se rebela en contra del papel de la mujer; cuando lo hace desde la ironía, como sin desearlo... pero apuntando bien el blanco, a la herida dolorosa que es la sociedad:

Tú que un día dijiste de mí la mejor de las diosas
tú que dijiste que harías de mí una gran artista
tú que estabas conmigo y ya lo ves
hasta he llegado a sentirme un Roque Dalton
asesinado por el mismo puño que se amaba
y ya lo vez me has despojado otra vez
de toda la poesía y arrojado de nuevo
arguyendo no sé qué
sobre la perspectiva histórica y sus heces.

En las cuatro partes de que consta el poemario, la autora recurre a su particular circunstancia para describir el mundo. La añoranza, es, acaso, el fardo que hace el que su poesía no se entregue a la libertad que persigue: añoranza por el tono confesional, inhibición al rompimiento del ritmo. En *La circunstancia pesa*, Maricruz Patiño forcejea con ella misma, con sus propios contenidos, lo cual se traduce en un poemario bien escrito; pero sin el desfogue que su espíritu necesita, sin la libertad expresiva que sería más acorde con lo que —se deduce— es su yo herido.

Alegoría de la contemplación

Por su parte Coral Bracho (México, D.F., 1951) se esconde en un barroquismo lírico, donde la imagen está al servicio de la ambigüedad aparente. Bracho tiene un compromiso ineludible: superar ese intenso poema suyo, *Peces de piel fugaz*, publicado por el sello La Máquina de Escribir. (12) Aquí su poesía alcanza el

---

(12)   Méx., 1977. La edición es de las llamadas marginales, por ello sería conveniente una edición de mayor alcance.

tono universal, genérico que califica a los grandes poemas, esos que subsumen una realidad y la transforman. *Peces de piel fugaz* es un inmenso poema que revela la magnitud —mejor dicho, la posibilidad de esta dimensión, si consideramos que Bracho es joven y puede, debe, continuar creciendo—, la categoría de poeta, su trascendencia.

El poema es un largo deslumbramiento, una fiesta de los sentidos. Atmósferas, sensaciones; imaginario movimiento de la cámara cinematográfica irrumpiendo en un paraje virgen. Bracho recurre al agua como punto de partida para destacar el movimiento escenográfico: como Gorostiza, quien en *Muerte sin fin* descubre las casualidades de la forma, cambiante y unívoca, del agua —de la realidad, en su sentido más extenso—, la autora utiliza el líquido vital para cantar con júbilo el asombro: la misma alegría de Francisco de Asís, la vastedad del descubrimiento del hombre mítico escapado de la caverna platónica. La alegoría es clara, sólo que aquí, en *Peces de piel fugaz*, el conocimiento deslumbra, pero no enceguece; marea, pero no entorpece. Subida y contemplación que vitaliza el espíritu:

> *Todo se esparce en amarillos. Los monos saltan.*
> *Antes, cuando miraba el tiempo como se palpa suavemente una seda, como se engullen peces pequeños. El sol desgajaba del aire haces de polvo.*
> *En un espacio abrupto pero preciso; a partir de entonces los árboles. Hacia abajo las ganas irrefrenables.*
> *Los monos, como dijeron todos, eran salvajes; cuerpecillos tirantes y amarillentos. El juego era portentoso, desarraigado; las manos, llenas de lodo.*
> *El agua brilla; en sus ojos la noche es un impulso vago y osculatorio, una tajada oscura —boca finísima— lo delínea. Pero empezar aquí con el consuelo de ver a todos enardecidos, y mirar de improviso sus dedos híbridos, infantiles.*

Para Coral Bracho el mundo podría ser una zona de penumbras, *umbral de nostalgias reblandecidas;* el paisaje descrito con júbilo, la kínesis que impulsa esta naturaleza es total. Pero, ¿qué mundo describe la poeta? ¿El del primer hombre y la primera mujer, asombrados por el movimiento luminoso; el futuro acaso, luego de un olocausto nuclear; la vuelta, después de milenios, del hombre lleno de inocencia? Quizá sea, apenas, una ensoñación, un guión aún por realizar donde manos infantiles se muevan ante la cámara, hurgando en un bosque ideal. Después de todo la realidad es insondable, irrepetible, siempre nueva en su transcurso agónico:

> *Y es el instante; pero empezar aquí. Sus ojos ávidos, insondables. En sus bordes espesos, las voces, las aguas cambian; peces de piel fugaz.*

Sorprende la voz de Bracho, sorprende por sus amplios recursos, por las intenciones de asumir, con responsabilidad crítica, la enorme herencia literaria mexicana que empieza con *Primero sueño*, de Sor Juna, y culmina —hasta el momento— en *La flama en el espejo*, de Bonifaz Nuño, o en *Las cuatro estaciones*, de Jaime Labastida. Coral Bracho tiene, de hecho, un compromiso: superar con su propia obra futura ese poema —perenne en su dinámica interna— que transcribe el movimiento de la naturaleza, el conocimiento del espíritu: *Peces de piel fugaz.*

Del sexo y sus alrededores

Entre la expresividad convulsa de Mara Larrosa (México, D.F., 1956) y la sensualidad deliberada de Vera del mismo apellido, se ubica la pasividad natural de Hilda Bautista (México, D.F., 1956); en las tres autoras el sexo es esencial, aunque observado —y degustado— desde circunstancias diferentes (y opuestas en ocasiones). En Mara, la semejanza de los cuerpos es vital, pero no esencial:

> *Es la luz lo que tiene que entrar en la oscuridad, por eso me han crecido los árboles en las orejas, por eso se ha extendido mi esencia femenina hasta ti, tan cercano tu sexo, tu vientre plano, hermoso. Hasta ti temblando, para ti derramando: me he dado cuenta que somos semejantes. Amo tus piernas blancas, tus brazos blancos.*

En Vera Larrosa (México, D.F., 1957), el anhelo se vuelca en una relación urbana, cautamente femenina. Dolida, tiene que iniciar el rito sexual, sexista, acaso porque para los hombres la mujer es simplemente "un diminuto grano de pimienta" Mara parece ser más desinhibida que su hermana al expresar sus contenidos utilizando todos los recursos disponibles. Fluida, no obstante sus largos versículos, transformados casi en una prosa rítmica, Mara canta con transparente inercia todo lo que acontece a su derredor; poesía preocupada por vivir, por existir, a pesar de los aires críticos, casi apocalípticos, que nublan al mundo:

> Alguien amará los últimos patos del lago, alguien amará el volumen del mundo, la intimidad, los rasgos de cada edad, de las rocas que alcance a conocer.

En el poema denominado *Agosto, hola poeta, te amo,* (13) Mara canta sin más la trascendencia del mundo: su insinuante valemadrismo no es una posición aberrante, tampoco es una actitud hipócritamente asumida. Lo que sucede es inobjetable: la poeta no puede aclarar la significación del momento; lo capta, así sin más, y lo entrega. La intuición, por supuesto, hace exclamar que posiblemente existe algo que trasciende, pero no es la simple forma de las cosas o de los individuos. Asistimos a la interrogante de Gorostiza, reflejada —una vez más— en una expresión convulsa, más acorde con nuestro tiempo. Y eso —puntualiza sobre lo perenne y universal, captar la esencial dinámica del universo— hace válida la obra de Mara Larrosa.

Vera, por su parte, está muy próxima a Kira Galván cuando alerta su conciencia sobre las particularidades de lo cotidiano; aunque por su intención y tono, por su ironía y aparente júbilo, esté hermanada con Elena Milán. Como esta última autora, Vera se dedica a coquetear con el mundo varonil, buscando no un enfrentamiento, sino un lugar, un sitio donde arrojar sus dardos; por lo mismo, el enfrentamiento de clases, las contradicciones ideológicas de Kira, son superadas por Vera en una "simpática" comedia que, a la postre, resulta trágica:

> Los dos hombres que amo son viciosos
> pero adorables
> les he mandado flores a su camarote
> y versos bellos y versos malos.
> parece que yo fuera el caballero en vez de la dama...

Su poesía es una larga descripción del precario universo femenino: precario por lo absurdo, por el lugar que ocupan los valores

---

(13) V. la revista *Le prosa*, No. 1, Méx., abril-junio de 1980, s.p. (aunque por el orden debía ser 60-61).

humanos; absurdo porque, *todavía,* las mujeres se duelen de las circunstancias imperantes, cuando ellas —las mujeres— propician este orden de cosas:

> *¿Cuándo seré amada en los hoteles y en los campos?*
> *¿Cuándo peinaré la melena larga o corta de mis señores?*
> *El frasco de pastillas suicidas*
> *viajará en mi carne/*
> *Habrá un drama hasta en mis calcetines si el impacto y*
> *el éter florecen/*
> *Ya no resisto los abandonos…*

Pero si Vera Larrosa describe situaciones límites, si se duele del *status quo* en tanto victima. Hilda Bautista vuelca su ternura en *el candor de una mente bella y fresca.* Hilda es clásica en su tono y en su contenido: es intemporal en su propio universo, en su estructuración. Incluso utiliza el soneto para dar salida a la frustración de no tener *el manso alivio de otra piel amarga.*

Sin embargo, en su aparente pasividad, en su entrega a sus formas clásicas, persiste un espíritu que irradia la inconformidad. Sólo que aún no quiere, o no desea, destacarlo. Mientras las otras poetas hurgan en las relaciones sexuales la verdad de las cosas, la esencia envuelta en la forma, Bautista pretende visualizar los cómo y los porqués en la inteligencia, en los procesos cognoscitivos, en los factores del pensar. Para esta artista de la palabra, el elemento racional es el núcleo axiológico de su temática. En este sentido no es raro que derive a una estructura estática como es el endecasílabo, aherrojado en catorce versos y con una consonancia ya muy transitada.

¿Respuesta insatisfecha?

La interrogante, luego de la observación directa de siete poetas mexicanas, vuelve a cobrar impulso: ¿existe una poesía femenina¿ Si ello es cierto. ¿cuál es su característica primordial?, ¿cuál su fundamento ideológico?, ¿cuál su expresión?

De hecho, la poesía femenina en México existe: puede detectarse de inmediato por ese tono de reproche, de crítica respuesta a un esquema cultural propuesto desde siempre por el hombre. Ciertamente, no existe una sensibilidad especial en la mujer, sólo conciencia y lucidez para enfrentarse a los fantasmas interiores y exteriores. Y a todo ello, dicha sensibilidad —retomando el juicio de Isabel Fraire— debe surgir en un contexto histórico determinado, puesto que todo punto de vista artístico, toda expresión, es social. (14)

Recapitulando: existe poesía femenina en México en la medida en que se unifiquen las posiciones y tendencias de las poetas al expresar sus contenidos desde la óptica particular de la mujer, destacando la categoría de lo universal. La humanidad, reflejada por el punto de vista femenino, debe ser un factor insoslayable. Y la honesta lucidez para enfrentarse a sus propios recursos, a su particular y singularizada problemática.

(14) *op. cit.* ·

Sandro Cohen

POESÍA NUEVA EN MÉXICO

La fuerza que nos mueve a ubicar estilística e ideológicamente a nuestros narradores, poetas y ensayistas podría denominarse "conciencia literaria". Aunque resultaría arriesgado afirmar que esta conciencia es más aguda de lo que fue hace cincuenta o cien años, es innegable que son cada vez más los que toman un papel activo en su creación.

Pero se ha hablado excesivamente de una "explosión" de la producción en México. Digo "excesivamente" porque creo con toda sinceridad que no existe tal explosión; las estadísticas engañan. Gabriel Zaid, en su *Asamblea de poetas jóvenes de México* (Siglo XXI, México 1980), registra más de 500 poetas nacidos en la década de 1950-1960, y la cifra se eleva mucho más si se toman en cuenta a aquellos que vieron la luz durante la década anterior. No obstante los números, si nos pusiéramos a examinar la producción de estos escritores, nos daríamos cuenta de que esta "explosión", más que otra cosa, se debe precisamente al auge educativo por el cual atraviesa actualmente el México de clase media. En la mayoría de los casos, ésta es una poesía libresca, de ideas mal dirigidas, basada —más que en la vida misma— en lecturas universitarias. También ocurre lo contrario: una poesía que busca lo coloquial y lo cotidiano sin asimilar las enseñanzas de los maestros del discurso llano que llegaron a dominarlo después de un largo aprendizaje dentro de las formas tradicionales. En última instancia, todo se reduce a lo mismo: un desconocimiento general del oficio poético de parte de los jóvenes, al mismo tiempo que éstos asimilan solamente lo más superficial de sus muchísimas lecturas, sobre todo en el renglón de las poesías norteamericana y francesa de este siglo.

Se puede argumentar, por lo menos en el caso de la poesía norteamericana, que estos problemas se derivan en su mayoría de las traducciones que se han hecho al español de ciertos poetas que en este momento están "de moda" en México: Walt Whitman, Edgar Lee Masters, William Carlos Williams y, entre los más recientes, Mark Strand, Gary Snyder y los dos *Johns:* Berryman y Ashbery. Estos poetas, embebidos de una larguísima tradición de verso blanco "solidificado" por Shakespeare y elevado a sus momentos más densamente conversacionales con Robert Browning en el siglo pasado, han sabido conservar la musicalidad de los acentos en su idioma materno auque han variado la duración métrica de los versos. Para decirlo pronto: han encontrado la esencia del verso libre: un verso que, a pesar de carecer de una métrica regular, no ha dejado de ser *verso;* su poesía no se ha convertido en una prosa de flojos.

Muy poco de todo esto se salva en la traducción. Difícilmente se conserva la musicalidad y menos cuando los traductores no están conscientes de la mecánica poética de su propio idioma. Muchas veces se cae en la tentación de traducir *lo que se dice,* ignorando el *cómo se dice,* y como resultado tenemos traducciones planas que bien parecen una prosa interesantemente ilógica. A la hora de leer estos poemas en traducción, lo que se percibe no se parece en nada a lo que el poeta escribió, y esta poesía equivocadamente plana, desprovista de su esencia eufónica, su dinamismo, influye contundentemente en nuestros poetas más jóvenes, los que han descuidado en extremo los principios básicos de su idioma poético español para "estar a la altura de la poesía internacional" a toda costa.

Y por esto no es fortuito que los poetas nuevos que más descuellan sean aquéllos que no han descuidado su tradición y su aprendizaje formales, los que no han perdido de vista los logros de nuestra mejor poesía contemporánea. Es posible que un poeta ingenuo, un poeta *"naif",* escriba buenos versos, pero no es probable que pueda sostener toda una obra con base en su ingenuidad. Hasta los poetas que más "espontáneos" nos parecen a primera vista ocultan una sólida base formal, la cual les permite trascender las formas preestablecidas, y de ahí el encanto de su *naiveté*, que de *"naif"* no tiene nada. Es cuestión de leer con mucho cuidado y escribir con un poco de colmillo.

De esta manera el lector puede darse cuenta de la falsedad de la llamada "explosión" de la joven poesía en México. Con lo que quedamos es algo mucho más importante y menos vago: una cantidad menor de escritores que son de veras poetas y no *dilettantes*, escritores dedicados a la dominación de un oficio poético, tal y como el pintor o músico que se pone a absorber las enseñanzas de los maestros que los antecedieron. En el caso de los poetas nacidos durante la década de los cuarenta, muchos ya rebasaron su periodo de aprendizaje y han enpezado a elaborar lo que podrían resultar textos importantes para la literatura mexicana.

Una década después de *Poesía en movimiento*

Poesía en movimiento, cuando apareció en 1966, se convirtió en la antología "oficial" de la poesía mexicana de este siglo, ya que abarcó a varios poetas que entonces se consideraban jóvenes, al igual que a aquéllos que disfrutaban ya de un reconocimiento general. Pero después de este importante volumen —recopilado por Octavio Paz, Alí Chumacero, Homero Aridjis y José Emilio Pacheco— la nueva poesía mexicana permaneció muchos años en traje de incógnito, ya que no "cabía" en ninguna parte. Pronto, la generación que seguía inmediatamente a los más jóvenes incluidos en *Poesía en movimiento* ya no eran jóvenes, y sus respectivas obras empezaban a cobrar una solidez considerable, aunque su resonancia en el medio ha sido poca hasta hace un par de años. Esta generación, que blande tendencias poéticas divergentes, había pasado a ser "la generación perdida", en vista de la poca atención que recibió de la crítica, tanto por su falta de juventud como por su falta de vejez.

Los integrantes de esta "generación perdida" son muchos, algunos más importantes que otros, pero aquí me interesa hablar sobre seis de ellos que ahora, a principios de los ochentas, empiezan a hallar su justo sitio dentro de la tradición poética de México.

Seis poetas

Francisco Hernández, el más viejo de este grupo que integran, además del mencionado, Carlos Montemayor, Jaime Reyes, Mariano Flores Castro, Marco Antonio Campos y David Huerta —es un poeta intuitivo que no desconoce su tradición, aunque la deja cómodamente a un lado. Por lo general breves, sus poemas encuentran su mayor fuerza en el afán autodestructivo de su autor. Hay algo de elocuencia suicida en todo esto, la elocuencia de un suicidio que se sublima en el verso, que se redondea, que se perfecciona y que se supera para dar lugar a una vida todavía más consciente de su amargura. Para Hernández la violencia y la muerte son elementos críticos porque lo llevarán siempre a descubrir lo que más le fascina de la calma y lo vital. En sus primeros libros —*Gritar es cosa de mudos, Portarretratos, Cuerpo disperso y Textos criminales*— busca la situación límite con la base de una poética de nota roja universal, la nota roja que todos leemos en nuestra imaginación, en la que resultamos todos protagonistas. Uno de sus "textos criminales" dice:

> *poseerte es lo más enrojecido*
> *del alba*
> *es como soñar con un crimen*
> *y despertar*
> *con tu cuerpo cercenado*
> *en las manos*

Esta poética de la perversión se perfila ya en un segundo libro, el cual se cierra con estos cuatro versos: "Cuando era niño/yo quería ser/un poeta maldito/¿tú a qué jugabas?".

Pero parece que Hernández ha dejado sus afanes morbosomórbidos atrás para explorar otro terreno, quizá más fértil para él: el redescubrimiento de todas las sensaciones infantiles a través del ojo y la sensibilidad del adulto. De esta manera, en sus poemas más recientes evoca un pasado que se confunde, con presente, una niñez demasiado precoz, demasiado consciente de sí misma. Esto causa un vértigo agradable en el lector que, poco a poco, se va dando cuenta de que el personaje de estos largos versículos es un ser inocentemente monstruoso, como todos los niños, especialmente aquéllos cuyos ojos trascienden la superficie de lo que ven, y cuyo tacto no se limita a lo que sus dedos tienen permiso de tocar:

> *Oigo a lo lejos el mundo de mi madre, su andar*
> *entre las brasas, su diálogo con el rencor que*
>
> *❦*

> *le acompaña: hablan de mi padre, de la mujer*
> *que tiene, de su risa, que suena como tromba*
> *de flores pisoteadas...*
>
> *Afuera está la herida pero no quiero salir a su*
> *encuentro: debo continuar enfermo siempre,*
> *sin tener que bajar a tierra, sin enfrentarme a*
> *nada ni nadie, ni siquiera a las piernas de Paura*
> *ni a un campo de béisbol ni a la luna llena del*
> *espejo.*
>
> *Hoy, apunto en el cuaderno de bitácora, empieza*
> *el fasto de los grandes viajes.*
>
> *Y el ave Roc emerge a los pies de mi lecho.*

La pesía de Carlos Montemayor, por otra parte, descansa sobre una modesta musicalidad; modesta porque no busca llamar la atención; modesta porque solamente así le es posible clavar el agijón de su pesimismo sin que suene a falso. El autor evita rimbombancias a toda costa, sean políticas o literarias. Su verso es limpio y equilibrado; goza de la madurez de un fruto en el momento de ser cosechado: ha llegado al máximo de sus posibilidades, está preñado de sí mismo.

Montemayor es indudablemente un poeta de la tierra a la cual se ha visto ligado desde su niñez. Para él, la tierra es tanto fuente como destino, la que da y la que quita. No hay símbolo más adecuado para poetizar la desesperación de un minero, un campesino, una mujer que espera ser viuda, un hombre que no espera nada:

> *Nos escuchan sobre el piso de tierra,*
> *en medio del olor de los cigarros.*
> *Cuando salimos, ya ebrios,*
> *la tarde acaba en el pueblo...*
> *Las mujeres encienden las velas en cada tumba.*
> *El humo del copal invade la noche*
> *y la quema.*
> *Por algunos centavos, un sacerdote ofrece oraciones.*
> *Dios, oscuro*
> *cojea dentro del alma...*
>
> ("Oda quinta, rota")

La poesía toda de Carlos Montemayor está íntimamente relacionada con los ciclos de la vida y de la tierra, sea para el amor o para la muerte. El poeta absorbe tanto el beso como la catástrofe como si fuesen la misma cosa.

> *Déjame hallarte en esta luz de espejos,*
> *en nuestra dolorosa luz:*
> *es un grito luminoso que recorre la carne,*
> *un astro que estalla entre las manos,*
> > *bajo las caricias,*
> *amor que como un sol se pone tras la vida*
> *y que en mi silencio y mi carne atormentada*
> *vuelve a nacer.*

("Ahora, cuando la resurrección de
esta noche prosigue...")

Podría sorprender la sencillez de la poesía de Montemayor, pero es una sencillez que proviene precisamente de la experiencia, del saber que todo tiene que caer por su propio peso. En su verso, lo único que hace es captar el momento de la caída y traducirlo al español. En este sentido, toda poesía es traducción, la trasmisión de un conocimiento al verso por medio de la musicalidad, el ritmo y la metáfora.

En el poema "Arte poética", de su libro más reciente titulado *Finisterre*, Montemayor afirma que la ignorancia también es una forma de comprensión, y que su poesía es un intento por captar "lo que nos rebasa a cada paso", nombrar lo indecible. Esta meta inalcanzable es la fuente primaria de toda su obra, y no es sino lo inalcanzable lo que le presta su dinamismo y su aplomo: para Montemayor, no importa tanto el destino como los descubrimientos del viaje.

Pero para Jaime Reyes, la poesía es un vehículo de catarsis; en cada uno de sus versos el lector percibe la urgencia del poeta por sacar el veneno, el coraje, el mal sabor que le produce el mundo en que le tocó vivir. Su poesía oscila entre el sarcasmo y la autodestrucción, pero siempre enjuicia al lector y lo convierte en cómplice. A veces nos presenta la imagen del bufón isabelino, sabio siempre, y siempre mal comprendido por los "sabios". Como los bufones de Shakespeare, que trasmitían sus mensajes crípticos en verso, los versos de Reyes trasmiten la conciencia de su generación, torturada y dejada a la interperie a raíz de la terrible desilusión de los acontecimientos de 1968. Reyes se pone de manifiesto y se aferra a la poesía como su única salvación: "Cumplo con todos, véame, soy feliz, salto de alegría,/estoy cantando... E insisto en colgarme/desde la rama más alta de esta gloria".

Aunque la palabra "gloria" también va cargada de sarcasmo, su rama más alta no deja de ser el arte, la poesía. Pero uno no sabe si le irá a ganar su propia desesperación, ya que concluye este poema con el siguiente paréntesis:

> (Uno siente miedo del trato de la gente,
> de su corrosiva lesbiandad, del asfixiante cariño,
> y, bueno, uno no sabe, es cierto,
> pero todo esto es,
> todo esto vale, todo esto va a ir
>   a chingar a su madre).

("Desde la rama más alta de esta gloria")

La desesperación de Reyes también se convierte en energía pura, en llamas, tal y como consta en el poema breve "Memoria sea del fuego" que, por breve y representativo de su autor, lo incluyo aquí:

> Astillado contra la herida vegetal de su mirada,
> pájaro cuya caída incendia el aire
> al tacto de su vuelo
> recojo los vestigios de su abandono,
> la devastada huella de sus pasos por mis alas
>   y asciendo para que mi cuerpo de humo
> cristalina cicatriz
> memoria sea del fuego y quien lo amó.

Reyes con todo su desenfreno, con su fuerza deslumbrante, también es capaz de escribir exelente poesía erótica. Desde luego que esta poesía no es ni dulce ni tierna; va al grano sin mayores delicadezas. En el poema "Piedra cristalina", contrapuntea lo frío con lo ardiente, lo piedra con lo agua, lo presente con lo que se esfuma:

> Tu sexo
> Transparente moneda
> Agua
> Piedra cristalina de bordes renacientes
> Abierta en la arena de tu cuerpo
> En la que todo se hunde
> Sin dejar huellas

Mariano Flores Castro, como Carlos Montemayor, demuestra más aplomo en su poesía, menos urgencia desenfrenada, ya que sus propósitos difieren enormemente de los de Reyes; también sus necesidades humanas y artísticas. Ya vimos que la poesía de Montemayor respira una madurez que presta cierta tranquilidad a sus discursos que se desenvuelve poco a poco según un lineamiento conceptual. La de Flores Castro, sin embargo, se empeña más bien en realizar una pintura que trasmita, a su vez, un concepto. Es importante que esto no se confunda con una poesía descriptiva, lo cual no es: Flores Castro quiere evocar una presencia que ilustre las ideas que apoyan el poema. Quizás uno de los mejores ejemplos de esto es su poema "La bailarina", escrito en un ceñido verso blanco que también se da la libertad de utilizar algunos pies fuera de lo tradicional: heptasílabos bien colocados, "tetras" complementarios, y dos o tres que no caben dentro de lo que normalmente podría componer el endecasílabo. No me detengo en estas observaciones gratuitamente, ya que esta métrica especial se presta de manera admirable para dar la sensación de un ritmo de gran desplazamiento, interrumpido por saltos, pausas y movimientos interiores:

> *...Para estarse en el vuelo*
> *Inventando su sitio*
> > *el movimiento*
> *Ya sólo necesita de la atmósfera*
> *Sus alas maternales*
> *Que si vuelan*
> > *llevan sus sensaciones*
> *Que si desaparecen*
> > *la dibujan*
> *Que si la toman por sorpresa estalla*
> *—manivela de relámpago—*
> *En su loto de asiduas mutaciones...*

Las evocaciones de Marco Antonio Campos, por otro lado, son más literales y más literarias, pero esto no significa que su poesía caiga en lo retórico. Al contrario: Campos ha sabido plasmarse en los personajes que escoge para que vivan en sus poemas. Si habla Rimbaud, es Campos; si es Catulo, si es Blake... siempre resulta que Campos está detrás buscando su esencia en cuerpos ajenos. En un poema reciente, dedicado precisamente a Rimbaud se perfila esta poética de alter-ego:

> *Creíste, pobre diablo,*
> *que tu vida en la vida sería otra,*
> *pobre ángel caído desde el hombre*
> *Vaya ingenuo, qué bestia, hermoso hermano!*

Uno de sus poemas más hermosos. "El cielo y el infierno", demuestra, sin embargo, que Campos no tiene que recurrir necesariamente a la alusión libresca para escribir poemas de gran aliento. Este texto, apenas un atisbo de lo que oculta, contiene un conocimiento que va más allá de las nociones del bien y del mal, más allá de lo real y lo falso, de la esencia y su máscara. Ángel o demonio devienen lo mismo, aparece un disfraz que ya se ha convertido en el rostro. Pero es en la tercera estrofa donde Campos desenvaina su colmillo poético al llevar a cabo una construcción y un arrasamineto simultáneos en su propia persona:

> *Y cuando la abracé, cuando la tuve,*
> *yo sentí que mi cuerpo entre sus brazos*
> *era un árbol enorme hecho cenizas*

David Huerta, el poeta que completa este grupo de seis —nacidos durante la década de los cuarentas—, comparte ciertos elementos poéticos con Montemayor y Flores Castro, sobre todo con este último, pero es más experimental en el sentido en que Huerta ha pretendido llevar al lenguaje más allá de su uso "normal"; ha querido transformarlo para que se erija en ente autónomo, el personaje principal y el mayor atractivo del poema en sí. Sus primeros poemas, no obstante, siguen las huellas de Octavio Paz en la medida en que buscan —como los poemas de Flores Castro— evocar una realidad con sólo nombrarla, desenterrar sus sinónimos, todos sus nombres posibles. Esto, de alguna manera, puede conducir al peligro de sobremetaforizar, formar la imagen hasta que ya no tiene sentido. Pero Huerta está consciente de este riesgo, y ha preferido llevarlo hasta el extremo en sus libros más recientes, especialmente en *Versión* que data de 1978.

Es indudable la musicalidad de la poesía de David Huerta. Es indudable que desee convertir al mundo en lenguaje, y su lenguaje en un mundo propio. Sin embargo, su poesía es difícil de comprender porque recurre a una expresión perifrástica; utiliza muchas palabras para decir lo que podría evocarse mucho más sencillamente. Pero el lector siente que no es sino esto lo que busca el autor: crear ambientes vertiginosos cuyo sentido no radica en su tradición a términos familiares, sino en la fugacidad del sonido y en la confusión misma que tantos términos yuxtapuestos pueden causar.

En su primera etapa, Huerta metaforizaba clara y rotundamente: "La oscuridad/es una, ciega extención,/un reino soberbio/y fragmentado." Como podremos apreciar en seguida, durante la segunda etapa no ha variado considerablemente su teoría de la metáfora, sino sus modalidades expresivas:

> La región que buscabas en el azul del sábado es
> una reliquia desprendida del corazón húmedo
> del aire: una zona de poca fortuna
> para la riqueza de tus manos —rectas y dolorosas,
> metidas en el azar de un brusco acercamiento
> o penetradas por el disturbio de una desnudez que
> nadie sospecharía.

("Escena de costumbres")

Corte transversal

Esta apreciación a quemarropa de un corte transversal de la poesía de los autores nacidos entre 1940 y 1949 sólo podrá servir de una pequeña guía, una orientación para el lector que desee saber más sobre las variadas corrientes de la actual poesía mexicana. Creo que ninguno de los autores mencionados ha realizado ya su "obra maestra"; todos están en un claro proceso de evolución. Sólo podemos apuntar hacia un blanco móvil y tratar de describir sus movimientos, a veces erráticos.

Podría parecer a primera vista que Francisco Hernández no tuviera nada que ver con David Huerta, pero los dos han llegado al versículo por caminos distintos. El coraje y el desenfreno de Jaime Reyes también parece desentonar, pero este poeta pertenece a una larga tradición de poesía coloquial de este siglo que ha servido de puente entre figuras como Jaime Sabines, nacido en 1926, y Ricardo Castillo, nacido en 1954. Y si fuéramos un poco más atrás, no podríamos olvidar al propio padre de David, Efraín Huerta, de 1914, quien supo no sólo rescatar lo cotidiano, sino elevarlo a niveles que pocos sospechaban posibles.

Entre los dos extremos que podrían representar los Huerta, padre e hijo, hay un sinnúmero de matices que no deberían dejarse de lado, auque no da tiempo explorarlos aquí. De todas maneras, sería imprescindible mencionar la labor de Rubén Bonifaz Nuño, una de las voces más consistentemente claras de la poesía mexicana del siglo veinte, pero cuyos discípulos —fuera de Carlos Montemayor, quizás— todavía no se han hecho sentir con la fuerza de los de Huerta, padre, y Sabines; con la contundencia de los que han seguido a Octavio Paz como poeta y teórico.

La poesía de los Contemporáneos nos lleva todavía más atrás, y es importante señalar que durante muchos años no gozó de la atención que ahora recibe. Es hasta ahora cuando se empiezan a escuchar sus resonancias, y en poetas que nacieron después de la desaparición de casi todos los miembros del "grupo sin grupo".

Estas clasificaciones, por supuesto, son demasiado simples y de fácil refutación. En todos nosotros hay un poco o un mucho de cada uno de los poetas mayores mencionados, pero lo que importa aquí es establecer algunos lineamientos para poder apreciar la dinámica de la nueva poesía mexicana, y para reconocer tanto sus innovaciones, como su persistencia en nuestro país.

México y Nueva York, noviembre de 1981.

Notas biográficas

Lilvia Soto. Nació en México. Se doctoró en literatura española e hispanoamericana en la State University of New York, at Stony Brook. Enseña Literatura Hispanoamericana en Harvard University. Ha publicado ensayos sobre *Clarín,* Carpentier, Paz, Fuentes, Pacheco en diversas revistas de crítica literaria. Prepara un libro sobre Carlos Fuentes.

Marco Antonio Campos. Poeta, novelista y ensayista mexicano. Profesor de Letras en la Universidad Iberoamericana. Ha publicado varios libros de poesía y de ficción, entre ellos *Muertes y disfraces* (1974), *Una seña en la sepultura* (978), *La desaparición de Fabricio Montesco* (1977), *Hojas de los años* (1979), y *Que la carne es hierba* (1982).

Max Parra. Cursa estudios para el doctorado en literatura hispanoamericana en Columbia University. Ha colaborado en varias revistas y periódico en los Estados Unidos. Actualmente trabaja sobre la novela mexicana del siglo XIX.

Lourdes Rojas. Se doctoró en literatura hispanoamericana en la State University of New York, at Stony Brook. Enseña literatura hispanoamericana en Colgate University en el Estado de Nueva York. Nacida en Colombia reside en Estados Unidos desde 1971. Sus artículos y conferencias tratan la novela hispanoamericana, crítica feminista y escritoras latinoamericanas.

Norma Klahn. Se doctoró en literatura española e hispanoamericana en la State University of New York, at Stony Brook. Es profesora de literatura hispanoamericana en Columbia University. Colabora en el *Handbook of Latin American Studies* (Biblioteca del Congreso), a cargo de la sección de Poesía Mexicana. Ha publicado ensayos sobre Ricardo Pozas, Vicente Leñero, García Márquez, Juan Carlos Onetti, en diversas revistas de crítica literaria. Acaba de terminar un libro sobre novela mexicana y prepara otro sobre novela corta en Hispanoamérica.

José Martínez Torres. (Ciudad de México, 1955). Cursó la carrera de Letras Hispánicas en la UNAM. Fue beneficiario de la Beca "Salvador Novo" durante 1978-1979 y es autor del cuaderno de poemas *Los números rojos* (Editorial La Rosa de los Vientos, 1980). Es secretario de redacción de la revista *Casa del tiempo,* de la Universidad Autónoma Metropolitana.

Alberto Vital. (Ciudad de México, 1958). Ha traducido fragmentos de la obra de Hölderlin y reseñado libros en suplementos literarios. Tiene en preparación ensayos sobre *Material de los sueños* y *Dormir en tierra,* de José Revueltas. Bajo el auspicio de la Beca "Salvador Novo" elaboró en 1979-1980 un volumen de relatos. Es editor de *Casa del tiempo,* Revista de la Universidad Autónoma Metropolitana de México.

Dolores M. Koch ha dedicado su atención a la producción literaria mexicana, principalmente las obras de Xavier Villaurrutia y Marco Antonio Montes de Oca, hasta el poco estudiado microrelato de Julio Torri, J. J. Arreola, René Avilés Favila y el mexicano por adopción, Augusto Monterroso. También se ha ocupado de escritores como Jorge Luis Borges, José Lezama Lima, Virgilio Piñera y Reinaldo Arenas. Contribuye con artículos y reseñas a publicaciones académicas tales como *Revista iberoamericana, Hispamérica,* y *Cuadernos hispanoamericanos.*

Ramón Xirau: Ensayista y filósofo mexicano (nacido en Barcelona, 1924). Entre sus obras principales se encuentran: *Sentido de la presencia,* México, 1953; *Tres poetas de la soledad,* México, 1955; *Introducción a la historia de la Filosofía.* México, 1964;

Palabra y silencio, México, 1968; *The Nature of Man* (en colaboración con Erich Fromm), New York, 1968: *Octavio Paz: el sentido de la palabra*, México, 1970; *Poesía iberoamericana: doce ensayos*, México, 1972; *Mito y poesía: ensayos sobre literatura contemporánea de lengua española*, México, 1973. Ha sido profesor visitante en diversas universidades en Europa y en Estados Unidos. Es profesor permanente de la Universidad Nacional Autónoma de México.

Ivania del Pozo: Realizó estudios graduados en City University de Nueva York. Actualmente es profesora de literatura hispanoamericana en Youngstown State University, Ohio. Ha escrito sobre poesía hispanoamericana, en especial sobre el poema largo.

Julio Ortega: Escritor y crítico peruano. Ha publicado varios libros de crítica literaria y de ficción, entre ellos: *La contemplación y la fiesta* (1960), *Figuración de la persona* (1971), *Relato de la Utopia* (1973), *Rituales* (1976), *La cultura peruana* (1978). Ha sido profesor en varias universidades de su país y de los Estados Unidos. Actualmente enseña en la Universidad de Brandeis en Massachusetts.

José Olivio Jiménez: Escritor y crítico cubano. Es profesor titular de literatura española y latinoamericana en la Universidad de Hunter de la ciudad de Nueva York. Se ha especializado en temas del modernismo hispanoamericano y de la poesía contemporánea de lengua española en ambos lados del Atlantico. Es autor y editor de importantes obras de crítica literaria, entre ellas: *Cinco poetas del tiempo; Diez años de poesía española (1960-1970); Ensayos críticos sobre la prosa modernista hispanoamericana; José Marti: Poesía y existencia.*

Jesse Fernández: Es profesor de Literatura Española e Hispanoamericana contemporánea en la Universidad de Old Westbury del Estado de Nueva York. Ha colaborado en publicaciones académicas con estudios sobre Rubén Darío, Agustín Acosta, Juan Carlos Onetti, Lezama Lima y Gabriel García Márquez. Prepara un libro sobre el poema en prosa en la poesía modernista hispanoamericana.

Oscar Wong. (Tonalá, Chiapas). Ha publicado narrativa, crítica literaria, poesía y ensayo en diversas revistas y suplementos de México y del extranjero. Sus libros más recientes son *He brotado raíces,* (1982, libro de poemas y *Nueva poesía de Chiapas* (1983), antología que recoge la obra de poetas jóvenes chiapanescos.

Evelyn Picón Garfield: Es profesora de literatura hispanoamericana en la Universidad de Illinois, Urbana. Es autora de varios libros importantes sobre Julio Cortázar y de numerosos ensayos críticos sobre literatura hispanoamericana contemporánea. Entre sus obras más recientes destacan *Women's Voices from Latin America: Interviews with Six Contemporary Authors* (1985); *Las entrañas del vacío: Ensayos sobre la modernidad hispanoamericana* (con Ivan Schulman) (1984); *Poesía modernista hispanoamericana y española* (Antología) (1985).

Carlos Montemayor: (Parral, Chihuahua) es autor de narrativa, ensayo y poesía. Recibió el Premio Villaurrutia en 1971 y el del Cincuentenario de El Nacional en 1977. Sus libros más recientes son, en novela, *Minas del retorno* (1982); en ensayo, *Historia de un poema,* estudio crítico de la cuarta égloga de Virgilio (1984), y en poesía *Finisterre* (1982). Es profesor de la Universidad Autónoma Metropolitana y miembro de la Academia Mexicana de la Lengua.

Sandro Cohen: Es poeta, crítico y traductor. Ha publicado poesía y ensayos en diversas revistas y periódicos del país. Es profesor en la Universidad Autónoma Metropolitana y uno de los directores de la revista *Vaso comunicante.* Sus libros más recientes de poesía son *A pesar del Imperio* (1980), *Autobiografía del infiel* (1982), *Los cuerpos de la furia* (1983). Es además el editor de la importante antología *Palabra nueva: Dos décadas de poesía en México* (1981).

Eduardo Casar: Poeta, crítico, ensayista. Profesor de teoría literaria en la UNAM. Publicó un libro de poemas: Noción de travesía.

INDICE

Esta edición consta de 1000 ejemplares, y se terminó de imprimir en el mes de noviembre de 1987 en los talleres de Impresiones Aries al Instante, S.A. de C.V., Colombia núm. 5, México, D.F. Tel. 526 01 72. Se utilizaron tipos de letra Bask. Rom. e Italic 08/10, 10/12 Y 16/18.

El cuidado estuvo a cargo de los autores.